DE L'ÉTAT
DES PARTIS
DANS LES CHAMBRES,
ET
DES ALLIANCES POSSIBLES ENTRE EUX.

ON TROUVE CHEZ LE MÊME LIBRAIRE L'OUVRAGE SUIVANT DU MÊME AUTEUR :

Du Croque-Mitaine de M. le comte de Montlosier, de M. de Pradt, et de bien d'autres. In-8°.

DE L'ÉTAT
DES PARTIS
DANS LES CHAMBRES,

ET

DES ALLIANCES POSSIBLES

ENTRE EUX.

PAR M. LE Vte DE SAINT-CHAMANS,
CONSEILLER D'ÉTAT, ANCIEN DÉPUTÉ.

> Pour bien faire, pour bien penser, il faut faire, il faut penser autrement que le grand nombre. Se régler par l'autorité et l'exemple du commun des hommes, c'est le partage des insensés.
>
> (FÉNÉLON, *Dialogues des morts.*)

PARIS.

IMPRIMERIE-LIBRAIRIE DE J. G. DENTU,
RUE DU COLOMBIER, N° 21;
ET PALAIS-ROYAL, GALERIES DE BOIS, N°s 265 ET 266.

1828.

AVANT-PROPOS.

Les idées libérales sont à la mode cette année : quelque grave que soit le sujet qu'on traite, cette expression y est toujours justement appliquée en France. Le courant du moment emporte de ce côté l'opinion du vulgaire. Et en vérité, pourquoi se donnerait-on la peine de raisonner avec la foule pour la détourner de cette voie? Un autre courant l'entraînera dans un sens contraire, et nous la ramènera avant peu d'années, peut-être avant peu de mois. Les jeunes gens, grâce à la fougue et à l'inexpérience de leur âge, suivent aveuglément, ou plutôt précipitent le torrent ; car, malgré l'éducation forte qui est aujourd'hui leur apanage, il s'en trouve parmi eux qui n'en savent pas plus que les hommes faits, si souvent poussés tour à tour dans des sens divers, sans en connaître la raison. Quant à ceux-là donc, il suffira de s'en rapporter, pour les éclairer, à la vogue de l'année prochaine; mais pour ceux de ces jeunes gens qui raisonnent et qui pensent par eux-mêmes, qui dédaignent d'être les serviles échos de l'opinion vulgaire, nous oserons tenter de tirer leurs pensées de l'ornière où elles sont engagées, pour les forcer à envisager les objets sous diverses faces. C'est à ceux-ci que nous nous adressons, non pas pour leur rien apprendre (nous n'aurions pas une prétention si déplacée), mais pour porter leurs méditations sur des considérations peut-être toutes nouvelles pour eux, et dignes d'attirer leurs regards.

Si nous faisions des dédicaces, nous aurions donc dédié cet essai à la jeunesse française. Beaucoup de gens, jeunes ou vieux, ont pris la peine de s'adresser à elle; les jeunes pour l'endoctriner, les vieux pour la flatter : pour nous, qui sommes au-dessous de la première tâche et au-dessus de la seconde, qu'il nous soit permis de soumettre à cette savante jeunesse quelques observations pour lesquelles nous réclamons son indulgence. Nous nous efforcerons, pour nous élever, ou plutôt (car il faut être plus correct dans l'expression) pour descendre à sa profondeur, d'être penseurs, abstraits, obscurs même autant qu'il nous sera possible; mais, désespérant d'y parvenir, nous leur promettons du moins franchise et conviction.

Nous avons rencontré beaucoup de jeunes gens réellement distingués par leur instruction, et quelquefois par leur esprit; nous avons remarqué que, sur tous les sujets en discussion, il ne leur arrivait jamais de chercher ce qui est bon et utile au trône et au pays, ce qui peut servir ou nuire au bonheur public et à la gloire de la nation, mais qu'ils se contentaient toujours de résoudre la question par quelques phrases générales, telles que : *Il faut être constitutionnel* (ce que personne ne conteste); et puis, *les conséquences du gouvernement représentatif; les conséquences de la Charte; l'opinion publique et l'esprit du siècle; les générations nouvelles*, etc. Ces réponses banales, ces phrases toutes faites ne sont pas dignes des jeunes gens dont nous parlons. Au lieu d'éviter la discussion par ces généralités, il leur appartient de l'aborder franchement, de suivre les argumens l'un après l'autre, de les combattre pied à pied; d'attaquer de bonne foi son adversaire sur ce qu'il dit et sur les principes qu'il reconnaît pour les siens, plutôt que de triompher sur ce qu'il n'a ni dit ni pensé; de chercher, pour les réfuter, les argumens les plus forts, sans en éviter aucun (car éviter un argument, c'est déclarer qu'on n'y connaît pas de réponse, et, dans ce cas, l'homme de bonne foi doit renoncer à son opinion, pour adopter celle qui est prouvée par cet argument); enfin, d'approfondir un sujet, sans être trop préoccupé d'avance de ses propres idées, et de marcher à la recherche de la vérité suivant la méthode de Descartes, qui commençait par faire table rase dans sa tête, afin de la mieux préparer à recevoir ce qui résulterait de ses méditations sur tel ou tel sujet; qui mettait de côté ses opinions déjà faites et reçues de confiance, pour s'en faire par lui-même, d'après l'examen de sa raison.

Avant d'entrer dans la discussion détaillée des points controversés, nous dirons quelques mots sur ces opinions libérales, considérées en général, dont la séduction entraîne un grand nombre de jeunes gens. L'on ne doit pas en être surpris. Notre langue présentait autrefois le mot *libéral* comme à peu près synonyme de *généreux*; de manière que ceux qui se paient de mots ont vu dans les idées libérales les idées généreuses. Et quel jeune Français n'est pas disposé à adopter les idées généreuses! Quel noble cœur reste insensible à ces mots de *liberté*, d'*indépendance*, si célébrés par les plus beaux génies de tous les siècles! Mais le rapport des mots s'étend-il jusqu'aux choses ? Si ces idées libérales étaient en effet les idées généreuses, croit-on qu'elles fussent en France de si fraîche date, que l'expression n'était même pas connue à l'époque de la dernière édition du Dictionnaire de l'Académie ? Qu'avons-nous trouvé jusqu'ici de commun entre des façons de penser généreuses et les actes comme les principes de ceux qui, de 1789 à 1820, ont porté ces mots *idées libérales* écrits sur leurs étendards ? Que voyons-nous durant ces trente ans ?

D'abord, l'ingratitude contre une noble race à qui nous devions toutes nos libertés et huit siècles de bienfaits ; la grossièreté, la brutalité devant des majestés éclipsées, que des cœurs nobles eussent entourées alors de mille fois plus d'égards que lorsqu'elles étaient puissantes ; l'audace, lâche et sans risques contre une bonté sans doute poussée à l'excès ; puis la servile obéissance à la tyrannie en guenilles, traçant ses ordres dans la boue et le sang ; puis les idées libérales prenant pour alliés les canons de vendémiaire et les gendarmes de fructidor; ensuite la même servile obéissance à la tyrannie en uniforme; depuis, le parti reprenant bravement sa fière indocilité quand elle est sans risques; profitant d'une loi d'élection que leur roi a bien voulu combiner de la manière qui leur est la plus favorable, pour envoyer vers lui ses vieux ennemis de toutes les époques, sans excepter les régicides; pour dégarnir le trône de tous ses appuis, et l'ébranler ensuite à l'aide de conspirations civiles et militaires, de révoltes armées et non armées; toujours les mêmes enfin, humbles devant la force, hardis contre la faiblesse; oubliant leurs droits quand ils sont violés ouvertement, les réclamant hautement quand ils sont scrupuleusement respectés; vantant par un concert unanime les douceurs de leur liberté quand ils sont esclaves; criant à l'esclavage et à l'oppression quand ils sont libres; en tout temps apologistes de la sédition, et ne voyant de crime que dans la répression ; trouvant tout permis pour le mal aux ennemis de l'autorité, tout défendu pour le bien à l'autorité.

Ce que nous venons de dire ne s'applique point aux partisans actuels des idées libérales ; nous respectons leur erreur et leur bonne foi. Mais qu'ils voient par quelle filiation ces idées ont été transmises des sophistes du dix-huitième siècle jusqu'à eux : est-ce dans ce tableau fidèle que la jeunesse française reconnaîtra les nobles sentimens qu'elle porte dans son cœur, et qu'elle a cru trouver dans les idées libérales ? Ah ! nous le répétons, si ces idées nouvelles contenaient tant de sentimens généreux, on n'aurait pas été si long-temps à en faire la découverte dans ce glorieux pays.

Ces jeunes gens qui confondent dans une seule pensée les idées libérales, les idées généreuses, les idées nouvelles, croient-ils qu'il n'y avait rien de grand dans les idées anciennes, et que la France les ait attendus pour connaître les idées généreuses ? La France est-elle un Etat neuf et demi-barbare, sortant aujourd'hui de son obscurité pour se produire tout à coup dans le monde, comme la Russie il y a un siècle ? La France était-elle inconnue avant eux ? Ah ! qu'ils y prennent garde ; c'est déjà mal débuter dans la carrière des sentimens généreux, que d'avilir, que de dédaigner, que de renier ses pères ; que d'abandonner, nouveaux apostats, ce culte des ancêtres, objet de la vénération des plus illustres nations ; de briser et de renverser ces images des aïeux, que les Romains gardaient si soigneusement pour l'ornement de leurs solennités. Qu'ils méditent les reproches adressés aux novateurs de 1789 par un ami de la liberté qui plus qu'eux avait fait ses preuves, par le célèbre Burke, « sur cette « présomption insensée de regarder leur pays « comme une carte blanche sur laquelle ils « peuvent griffonner à plaisir, au lieu de con« sidérer leurs libertés sous le rapport de leur « caractère héréditaire, en faisant revivre les

« avantages des anciens états-généraux, et re« trouvant les priviléges qui, quoique inter« rompus, n'étaient pas effacés de la mémoire « des Français. » *Cette idée d'une transmission glorieuse*, leur dit-il, *inspire le sentiment d'une dignité originelle et habituelle, qui garantit de cette basse arrogance si commune aux nouveaux parvenus, et qui les rend si odieux.... Vous avez mieux aimé agir comme si vous n'aviez jamais été civilisés, et comme si vous aviez tout à refaire à neuf. En respectant vos ancêtres, vous auriez appris à vous respecter vous-mêmes. Vous n'auriez pas préféré de regarder le peuple de France comme n'étant né que d'hier, comme une nation de misérables qui auraient été plongés dans la servitude jusqu'à l'an 1er de la liberté, qui les a émancipés. Vous n'auriez pas consenti à être regardés comme une bande d'esclaves marons, tout à coup échappés de la maison de la servitude, et par conséquent excusables d'abuser de la liberté, à laquelle vous n'étiez pas accoutumés, et à laquelle vous n'étiez pas propres* (1).

Sur quoi peut-on appuyer ce mépris de nos aïeux et cette supériorité des générations nouvelles? Est-ce à l'ancienne ou à la nouvelle France que notre patrie doit ce qui fait justement son orgueil? Ces nobles monumens que l'étranger vient admirer en France; ces pompes de Versailles; cette colonnade du Louvre, le chef-d'œuvre peut-être de l'architecture moderne; ce vaste palais, digne retraite de la valeur mutilée ou affaiblie, est-ce à notre génération qu'en appartient l'honneur? Ces nombreuses et redoutables forteresses que l'étran-

---

(1) Burke compare ces novateurs qui rejettent le passé et se dépouillent de leurs sentimens natifs pour tout renouveler en eux, à des hommes qui ont été dépouillés de leurs entrailles naturelles, qui ont été vidés et recousus pour être remplis, comme les oiseaux d'un musée, avec de la paille, des chiffons, et avec de méchantes et sales brochures de papier sur les droits de l'homme.

ger n'envisage qu'avec respect, est-ce à nous qu'en appartient l'avantage, à nous qui laissons dépérir les travaux de Louis XIV ? Ces ports superbes d'où sortirent autrefois ces puissantes escadres qui allaient dans les deux mondes apprendre à l'étranger la grandeur de la France, est-ce à nous qu'en appartient la splendeur, à nous qui ne pouvons terminer un seul port dont l'entreprise est due à la prévoyance du plus vertueux et du plus infortuné de nos rois? Ces grâces nobles, ces aimables entretiens, ce ton parfait, cette exquise délicatesse, cette fleur de civilisation, enfin, dont les étrangers accourent chercher les modèles à Paris; est-ce nous qui leur avons appris cette route, nous qui peut-être à cet égard vivons un peu sur la renommée de nos pères? Et cette influence universelle de notre langue et de notre littérature, cette prépondérance de nos idées dans le monde entier, est-ce à nous qu'en appartient l'utile gloire, nous qui n'avons profité de cette influence honorablement acquise par les grands et sages écrivains des siècles précédens, que pour empoisonner l'univers de nos doctrines subversives de tout état social? Avouons-le sincèrement : tout ce qui attire les étrangers chez nous ou porte chez eux notre influence, tout ce qui nous défend et leur présente une puissance imposante sur nos frontières et sur nos rivages, tout ce qu'ils aiment, ce qu'ils admirent ou redoutent dans notre pays, est dû aux générations précédentes, et surtout à cet admirable siècle de Louis XIV, où le génie d'un roi nous éleva, sous les rapports les plus divers, aussi haut que puisse s'élever une nation. Alors la France ne reconnaissait aucun peuple qui lui fût supérieur sur aucun point, pas plus sur mer que sur terre, pas plus pour les colonies, le commerce, les manufactures, que pour les sciences et les lettres.

Et ce régime où, loin de servir l'Etat pour le profit, on achetait, par le sacrifice de ses revenus et même de ses capitaux, l'honneur de verser son sang pour son roi et son pays, heureux de recevoir, pour prix de ses nobles travaux et de ses sacrifices, une simple croix, sans traitement; ce régime où les magistrats servaient l'Etat sans faire peser sur son trésor aucune charge; où les officiers-généraux, dont un très-petit nombre était en activité durant la paix, ne faisaient pas payer leur oisiveté sous le nom de *disponibilité;* ces temps d'un noble désintéressement, où tout se faisait pour l'honneur, ne répondaient-ils pas autant aux besoins des âmes généreuses, que l'époque actuelle, où tout a son prix?

Nous ne sommes pas plus d'accord avec les détracteurs chagrins du temps présent, qu'avec ceux qui en sont les panégyristes exclusifs; car c'est de part et d'autre se faire le détracteur de son pays. Nous croyons que les Français eurent toujours à peu près les mêmes qualités et les mêmes défauts; et puisqu'il est plus doux de s'arrêter sur les premières, nous pensons que le sol français a toujours nourri, autrefois comme aujourd'hui, un peuple ardent pour l'honneur, brave, humain, généreux, poli et amant de la gloire. Nous sommes toujours le même peuple, et nous marcherons toujours dans cette route de gloire et d'honneur que nous ont tracée nos ancêtres. Mais toutes les nations ont des époques plus ou moins éclatantes : leur histoire ne suit point les règles établies suivant la niaiserie théorique de la perfectibilité humaine, mais présente à de longs intervalles des momens de grandeur et de génie, séparés par des temps moins brillans. Elle se compose alternativement de lumière et d'ombre, nous fait voyager tour à tour sur des sommités et dans des plaines que rien ne domine. Sommes-nous aux jours de lumière et sur les sommités ? Il est permis d'en douter. Qu'avons-nous à opposer à l'éclat du siècle de Louis XIV ? En quoi les générations nouvelles ont-elles ajouté à la réputation de la France ? Avons-nous compensé notre infériorité sous le rapport des lettres, par notre supériorité sous le rapport de la métaphysique, de la morale, de la vraie philosophie? Il est douteux que nous soyons en état de disputer ce terrain à Descartes, Pascal, Mallebranche, Charron, Bourdaloue, Bossuet, La Bruyère, Larochefoucauld, Fénélon et Massillon. Nous ne parlerons pas des progrès dans les sciences matérielles (progrès toujours certains dans un état de civilisation ordinaire, parce qu'aux anciennes découvertes dues au génie ou au hasard, on ajoute toujours les nouvelles), ni par conséquent des progrès de l'industrie, qui en sont la suite, et ont été dépassés ailleurs. Il ne reste donc à citer que les prodiges de nos armées, qui sans doute jettent un grand lustre sur l'époque actuelle : mais les générations nouvelles n'ont pu, même par ces prodiges, ajouter à la réputation de notre belle patrie. On savait déjà dès long-temps qu'il n'était rien au-dessus de la valeur française; l'Italie avait appris depuis des siècles ce que c'était que la *rabbia francese;* et en voyant ce que

Louis XIV avait fait de la France avec un territoire moins étendu, quand les priviléges des ordres, des provinces, des communes, des corporations entravaient le développement de ses forces; en admirant sa glorieuse résistance, malgré ces désavantages, contre toute l'Europe liguée contre lui, il était facile de prévoir ce qu'on pourrait attendre de notre nation, si de plus grandes forces et des moyens que ne borneraient plus aucun droit ni aucun principe, se trouvaient jamais placés entre les mains d'un grand capitaine, joignant au plus vaste génie militaire cet esprit aventureux qui porte le conquérant, comme le joueur, à tout risquer pour tout gagner, et qui le conduit, de va-touts en va-touts, à d'immenses bénéfices, à de prodigieux succès terminés par une effroyable catastrophe.

Mais, dira-t-on, ce n'est ni dans les œuvres de l'esprit, ni dans des progrès mécaniques, ni même dans les plus glorieux exploits, trop achetés peut-être par la servitude, que nous plaçons cette supériorité des idées et des générations nouvelles : c'est dans cette noble liberté dont la jouissance nous est garantie.

Oh ! sans doute, à ce mot de *liberté*, l'on ne s'étonne point de voir de jeunes cœurs tressaillir. La liberté fut toujours un privilége des Français, et fut inscrite, dès l'origine, dans le nom même de la nation. Mais la liberté n'est pas cette sauvage indépendance qui ne connaît de limites que sa propre force et celle des autres. La liberté de l'homme en société est celle qui ne peut nuire ni à la société en général, ni aux individus; le but de la loi est d'en retrancher tout ce qui est nuisible. La liberté est la pleine jouissance de ce que la loi n'a point retranché : la question de la limite où doivent être circonscrites les libertés publiques, est donc tout entière dans le danger qu'elles portent avec elles au-delà d'une certaine borne. Nous le demandons : devra-t-on plutôt reconnaître les esprits éclairés et les cœurs généreux, à cet enthousiasme irréfléchi qui se laisse éblouir à ce mot de *libertés publiques*, jusqu'à en provoquer l'imprudente extension à tous risques, plutôt qu'à ce noble soin de la gloire et de l'honneur de son pays, à ce vrai patriotisme qui reconnaît que sans une autorité forte il n'y a ni repos, ni union, ni puissance pour la patrie; qui se souvient que la Pologne, dépouillée d'union et de force par un soin excessif de sa liberté, a été déchirée, écrasée, partagée, et a sacrifié la gloire et l'indépendance comme peuple, ce premier besoin de l'âme, à la liberté de l'individu, trop souvent frivole satisfaction de la vanité?

En est-il ainsi dans cette Angleterre, où la plus précieuse des libertés, la liberté individuelle, est quelquefois sacrifiée aux besoins de la marine? En était-il ainsi à Sparte, où les droits de la propriété, de la famille, de la nature, tout enfin était sacrifié par l'individu à la force et à l'indépendance de la patrie?

Ah ! s'il était une liberté qui toujours désunît, affaiblît, désorganisât ; qui, destructive de toute stabilité, ne donnât jamais le temps de concevoir, de suivre, d'achever un grand projet ; qui ne laissât pas d'éclat sans le ternir, de vertu sans la tacher, de gloire sans la souiller ; qui mît les plus nobles caractères aux prises avec les plus vils ; qui livrât à d'obscurs et avides spéculateurs les destinées d'une noble nation ; qui dût faire, du plus beau pays du monde, une arène abandonnée aux sophistes, et lui préparer peut-être le sort des Grecs dégénérés, uniquement occupés, au milieu des périls de la patrie, d'oiseuses et subtiles discussions, ah ! qui voudrait de ce présent funeste et avilissant ? qui voudrait de la liberté au prix de l'impuissance et de la faiblesse de sa nation, au prix du dédain ou des insultes de l'étranger ? Et qui n'aimerait mieux encore ressembler à ce coursier de la fable qui, dans sa noble imprudence, livre sa liberté pour venger un outrage ?

Qu'on cesse de partager les Français en amis de la liberté et en amis de la servitude. Quand il serait aussi vrai qu'il est faux que la lutte est ouverte entre la Charte et l'ancien régime, qu'on sache bien qu'alors même la question ne serait pas entre la servitude et la liberté; qu'il y avait sous l'ancien régime des libertés publiques, et plus même qu'aujourd'hui; que les ordres, les provinces, les villes, les corporations avaient tous des libertés soigneusement respectées; que les parlemens et les conseils de nos rois en étaient les protecteurs; que si la liberté individuelle, très-rarement blessée, manquait cependant des garanties que nous possédons, il n'en est pas moins vrai que les individus étaient généralement alors dans leurs actes, dans leurs voyages, dans toutes leurs relations, moins gênés par les lois qu'ils ne le sont aujourd'hui.

Qu'on sache que la liberté n'est autre chose que le droit de n'obéir qu'à la loi, et que par conséquent l'on n'en est pas plus esclave, parce que la loi a retranché ou restreint telle ou telle liberté comme nuisible aux intérêts généraux de la société; et qu'on jouit de la liberté, dès qu'on est à l'abri de l'arbitraire du pouvoir ou des influences populaires.

Mais c'est surtout quand il s'agit du gouvernement de l'Etat, qu'on abuse le plus de ce mot de *liberté* pour égarer toutes les idées. La liberté, pour les citoyens, consiste-t-elle à n'être pas gouvernés arbitrairement, ou à gouverner eux-mêmes? consiste-t-elle à n'être pas tyrannisés par son souverain, ou à tyranniser son souverain? C'est sous ce dernier aspect cependant qu'on nous la montre; la voilà telle que la veut le parti libéral. Tant qu'ils ne gouvernent pas, qu'ils n'administrent pas, qu'ils ne règnent pas enfin, ils ne sont pas libres. Telle est notre Constitution, disent-ils, et telle est en effet leur manière d'être constitutionnels. Non, telle n'est pas notre Constitution, telle n'est pas l'intention de la Charte que Louis XVIII nous a octroyée. Il a voulu donner à ses sujets des avocats de leurs intérêts, des défenseurs de leurs droits légaux, mais il n'a pas voulu se donner pour maîtres les délégués de ses sujets. C'est de lui-même, et non pas d'eux, qu'il a voulu que son gouvernement reçût la direction. C'est par la violation de la Charte que cette direction lui a été enlevée; c'est par l'extension du droit d'amendement, et par l'habitude de toutes les Chambres tour à tour, et de leurs commissions de finances, de s'immiscer dans les moindres détails de l'administration, que l'usurpation de l'initiative et de la puissance exécutive, réservées au roi seul, a été consommée. Et remarquons en passant que, dans des positions inverses, le résultat est toujours le même contre l'autorité de nos rois, au profit des assemblées délibérantes. La première de nos Constitutions donne à l'assemblée toute l'action, et au roi seulement le véto; ce véto se trouve un pouvoir entièrement illusoire. La Charte donne, au contraire, toute l'action au roi, et à l'assemblée seulement le véto contre ce qui lui paraît abusif. Cette fois-ci, le droit de véto devient tout le pouvoir, et emporte toute l'action du gouvernement; en sorte que, sous cette dernière Constitution comme sous la première, la part du roi devient nulle et sans force.

Que gagnent les idées généreuses à cette nouvelle forme de gouvernement, introduite, non par la Charte, mais contre la Charte? que la France, au lieu de suivre les inspirations de cette noble maison de France, dont la grandeur est l'élément, et à qui les hautes pensées sont transmises avec le sang, recevra l'impulsion de quelques propriétaires, avocats, banquiers, manufacturiers, fort honnêtes gens sans doute, et même fort habiles gens quelquefois, mais resserrés dans l'horizon étroit qu'ils viennent de quitter, et où ils n'étaient point placés pour voir de haut et au loin; que chacun d'eux voudra mener le royaume de France comme sa *chacunière*, sans se douter que ces vues étroites, qui sont prudentes et sages pour un particulier, sont mesquines et imprudentes pour un grand Etat ; qu'avec ces ministères offerts au rabais, il faudra renoncer pour notre patrie à tous les genres de splendeur et de gloire, à la dignité même et à la sûreté ; qu'enfin, le résultat de tant d'efforts pour cesser d'être soumis à la volonté absolue des princes de ces antiques races auxquelles le Ciel confie depuis tant de siècles les destinées des peuples, aura été de nous courber sous la volonté capricieuse de tel ou tel avocat. Ah ! cette Charte ainsi dénaturée, contre les intentions de son fondateur, si Louis XIV l'avait trouvée établie à son avènement, qu'aurait-il fait de ses nobles pensées, de ses hautes conceptions, de sa grande âme ? que nous en resterait-il aujourd'hui ? enfin, qu'aurait-il fait de la France, et qu'aurait fait la France d'un Louis XIV ?

Mais ne tentons point de toucher de jeunes cœurs, en leur parlant de l'éclat et de la gloire de leur pays ; aussi bien, la jeunesse actuelle, nourrie d'une philosophie forte, laisse plus de prise au raisonnement qu'à l'entraînement. Raisonnons donc avec elle comme avec tous les libéraux de bonne foi, et examinons ce que réclament le bien de notre pays, le bonheur de nos compatriotes ; ce que nous ordonne la loi fondamentale, que nous respectons tous, et sur quels principes il faut appuyer les lois qui devront régler ce qu'elle n'a pas décidé.

DE L'ÉTAT
DES PARTIS
DANS LES CHAMBRES,
ET
DES ALLIANCES POSSIBLES ENTRE EUX.

CHAPITRE Ier.

DE L'ÉTAT DES PARTIS DANS LES CHAMBRES.

Quels sont les partis en France ?

Demandez-le aux passions :

Elles vous répondront, d'un côté, qu'il y a des royalistes constitutionnels qui veulent le roi et la Charte; et des absolutistes, des apostoliques, des jésuites, etc., qui ne veulent pas de la Charte, et qui aspirent au despotisme du roi et du pape.

Elles vous répondront, de l'autre côté, qu'il y a des royalistes constitutionnels qui veulent le roi et la Charte; et des républicains, des buonapartistes, des athées, etc., qui ne veulent pas du roi légitime, ni de la religion catholique, et qui visent à établir la souveraineté du peuple, et le protestantisme.

De manière que, si l'on en croit les partis l'un sur l'autre, la moitié des Français ne voulant pas de la Charte, l'autre moitié ne voulant pas du roi, ni de la Charte par conséquent, il s'ensuivra qu'il n'y a personne en France qui aime et veuille le roi et la Charte.

Ce langage des passions n'est pas nouveau; faire son adversaire le plus noir qu'il est possible, lui imputer les desseins les plus criminels, lui donner les noms les plus odieux que l'on connaisse, telle fut la tactique des partis dans tous les temps et dans tous les pays.

Qu'étaient les wighs?.... Les plus fanatiques des presbytériens écossais, des misérables qui ne voulaient point du tout de l'Eglise, et guère du roi. Les torys étaient des Irlandais catholiques, espèce de brigands fanatiques qui pillaient et massacraient les protestans sous le règne de Charles Ier. Eh bien! dans les deux partis, chacun donna à l'homme qui n'était pas de son avis, le nom le plus odieux, lui imputant par-là les opinions et les desseins des hommes les plus violens et les plus insensés de son opinion. Au lieu de refuser le nom de *tory*, on trouva plus court de prendre sa revanche, en ripostant par le nom de *wigh*. Ces deux partis gardèrent ces noms, parce qu'il faut bien en avoir un; ils se nommèrent eux-mêmes ainsi; et les meilleurs anglicans reçurent de bonne grâce les noms, ou des plus ardens catholiques, ou des fougueux presbytériens, lesquels détestaient également l'Eglise anglicane. On aurait pu prendre le même parti en France, et répondre au mot d'*absolutistes* par le mot de *républicain*, sans que cela tirât plus à conséquence ici qu'en Angleterre.

A cette question : *Quels sont les partis en France?* la raison répondra autrement que les passions; elle dira que les royalistes veulent la Charte, que les libéraux veulent le roi légitime, et qu'on ne doit excepter que quelques insensés placés à l'extrémité de chaque parti. Remarquez que nous ne disons pas que les uns aiment le roi et les autres la Charte, par sentiment, et de préférence à tout; mais il y a une énorme différence entre ne pas aimer tel gouvernement, ne pas le croire le meilleur, regretter et lui préférer tel autre qui a existé, ou chercher à renverser le gouvernement présent, et tenter de tirer du sein des morts celui qui n'est plus. Il arrive tous les jours qu'on trouve que sa première femme valait mieux que la seconde, sans que pour cela on conçoive le projet insensé de tuer la seconde, et de ressusciter la première. Il serait à peu près aussi fou de détruire ce qui est, pour retrouver les lambeaux épars ou réduits en poussière de ce qui a existé autrefois. Nous croyons donc que nous sommes à peu près tous en France, et que particulièrement les membres des deux Chambres sont tous *royalistes constitutionnels*.

De ce que nous sommes tous royalistes constitutionnels, s'ensuit-il que nous jouissons de la concorde universelle, qu'il n'y a plus parmi nous qu'un seul avis, que nous allons tous nous embrasser, et qu'il y a lieu, pour les cœurs sensibles, de pleurer de joie et de tendresse, rien qu'en parlant de cette douce réconciliation? Malheureusement non. S'ensuit-il enfin qu'il n'y a plus de partis en France? pas le moins du monde. Et l'on ne s'en étonnera pas, si l'on songe qu'en Angleterre, où depuis plus d'un siècle ni la dynastie, ni l'Eglise, ni la Constitution ne sont mises en question, il n'en existe pas moins des wighs et des torys fort divisés, et poussés souvent aux haines et aux attaques les plus violentes. Nous avons en France, et nous aurons toujours à peu près les mêmes partis, parce qu'ils sont de l'essence même des monarchies représentatives. Cette sorte de gouvernement étant fondée sur l'équilibre de deux pouvoirs, il n'y a presque pas une question qui ne donne lieu à une solution opposée de la part de ceux qui pensent qu'il faut toujours tendre à renforcer le pouvoir royal, trop faible contre le pouvoir populaire, et de la part de ceux qui tendent au contraire à affaiblir le pouvoir royal, trop fort à leurs yeux. Voilà les deux partis qui existent et qui existeront en France comme en Angleterre : le parti royaliste, qui soutient les idées monarchiques et les idées aristocratiques, qui en sont inséparables; le parti libéral, qui soutient les idées démocratiques : et en donnant aux uns le nom de *royalistes*, ce n'est pas dire que leurs adversaires ne soient aussi royalistes, en ce sens qu'ils veulent maintenir le roi légitime, tout en portant sur son pouvoir un œil de défiance et de jalousie; comme en donnant aux autres le nom de *libéraux*, ce n'est pas dire que leurs adversaires ne soient aussi libéraux, en ce sens qu'ils veulent maintenir la Charte, tout en n'adoptant des idées libérales et démocratiques, que celles qui sont expressément consacrées par cette loi fondamentale.

Deux partis existent donc et existeront en France, ennemis irréconciliables sous le rapport des doctrines, quoique reconnaissant tous deux le même gouvernement. Nous allons montrer par quelques exemples, qu'ils peuvent être divisés sur des questions très-importantes, tout en se renfermant dans les limites où la Charte a circonscrit les *royalistes constitutionnels*.

Citons d'abord la loi principale sur laquelle repose tout l'édifice des gouvernemens représentatifs, la loi d'élection. L'on verra que l'on peut assurer ou perdre le trône, affermir ou ébranler l'Etat, sans sortir du texte de la Charte; et nous disons à dessein *du texte de la Charte,* car là seulement est la loi qui nous régit : ce qu'on nomme *l'esprit, les conséquences,* est réclamé par tous les partis pour appuyer les opinions les plus contraires, et avec quelque fondement de part et d'autre, comme nous essaierons de le prouver dans un autre chapitre.

Elle était dans la Charte, cette loi d'élection du 5 février 1817, qui, contraire à nos mœurs et à nos usages constitutionnels depuis trente ans, établissait pour la première fois en France l'élection directe; qui livrait la France aux désordres de la démocratie; qui allait perdre l'Etat, au jugement même de la plupart de ceux qui l'avaient imprudemment proposée et soutenue; qui eût renversé infailliblement le trône, et nous eût rejetés dans les convulsions et les guerres civiles, si elle avait été appliquée simultanément à la France entière, au lieu de l'être successivement à trois cinquièmes seulement.

Elles étaient également dans la Charte, et la loi d'élection de 1816, proposée par M. de Vaublanc, et la loi d'élection de 1820, proposée par M. Siméon, qui, en maintenant ou rétablissant les deux degrés d'élection, eussent assuré le repos de la France, et affermi le trône, appuyé sur l'aristocratie.

Elle est encore dans la Charte, la loi actuelle, née, en 1820, d'une transaction faite en vingt-quatre heures, et adoptée sans examen ni discussion; loi qui, conservant les effets démocratiques de la loi de 1817 pour les trois cinquièmes de la Chambre, lui oppose les élémens aristocratiques produits par le mode d'élection des deux autres cinquièmes, et fondant pour l'avenir, par un partage presque égal, une lutte perpétuelle entre les deux opinions, ôte à la France toute chance de tranquillité et de force, avantages qui ne peuvent naître que de l'union dans les pouvoirs.

Des divisions aussi prononcées, et dont le résultat sera également important pour l'existence du trône et la prospérité du pays, naîtront entre les hommes également attachés à la Charte, au sujet de la loi qui doit organiser les départemens et les communes; car la Charte n'interdit pas d'établir cette loi sur une base toute monarchique, en donnant au roi seul la nomination des membres des conseils-généraux de département et des conseils municipaux; ou sur une base tout aristocratique, en déclarant de droit membres de ces conseils, les plus imposés du département ou de la commune; ou sur une base toute démocratique, en donnant à l'élection seule la formation de ces conseils. La Charte n'interdirait pas davantage une combinaison qui nous paraîtrait plus raisonnable et plus en harmonie avec nos institutions, si les conseils de département, comme les conseils municipaux, étaient composés d'un tiers nommé par le roi, d'un tiers formé des plus imposés de droit, et d'un tiers élu avec de certaines conditions de revenu, exigées tant pour les élus que pour les électeurs. L'on voit quelle vaste arène ouverte aux opinions contraires, sans sortir du terrain que la Charte a abandonné aux disputes des publicistes.

Il n'y a pas de texte de la Charte qui ordonne ou d'adhérer ou de s'opposer vivement à l'idée démocratique d'exiger la réélection de tous les députés que le roi emploierait à son service, comme à la manœuvre démocratique de faire cette loi sans le concours ni du roi ni des Chambres, en exigeant des députés qu'on élit le serment de donner leur démission dans ce cas.

Il n'y a pas de texte de la Charte qui, dans la discussion de la loi de recrutement, empêchât la gauche de demander que l'appel annuel des jeunes soldats destinés à recruter l'armée ne pût se faire sans une loi, et la droite de laisser au roi seul le soin de fixer dans une certaine limite le nombre des hommes à appeler.

La Charte n'a rien prononcé non plus sur

les conflits et sur la nécessité de l'autorisation du roi pour mettre en jugement les fonctionnaires publics : autre champ de bataille assez vaste. Les libéraux, qui sans cesse réclament, ou plutôt déclament contre ces deux attributions de l'autorité royale, ignorent donc que la nécessité d'une entière séparation entre la juridiction administrative et celle des tribunaux, ainsi que la nécessité de soustraire les agens du gouvernement à la juridiction des tribunaux pour tous les actes faits dans l'exercice de leurs fonctions, sont deux principes si nécessaires à tout gouvernement, qu'ils ont été reconnus et établis et dans la Constitution démocratique de 1791, et dans la Constitution républicaine de l'an III, dernière œuvre de la Convention, tout aussi bien que dans les Constitutions qui ont suivi? L'oubli de ces principes porterait toute la puissance entre les mains des tribunaux, devant lesquels alors tomberaient peu à peu tous les pouvoirs des Chambres, comme autrefois les pouvoirs des états-généraux. Il est singulier que le parti libéral, qui a toujours devant les yeux la crainte du retour de l'ancien régime, se laisse emporter par l'intérêt du moment, et par les passions qui l'entraînent toujours à affaiblir l'autorité royale, jusqu'à fortifier de plus en plus le seul des élémens de l'ancien régime qui subsiste encore dans toute sa force. Certainement ces parlemens qui, composés d'abord de simples jurisconsultes adjoints à la Cour des pairs pour les éclairer dans le jugement des affaires, et nommés *clercs rapporteurs*, s'emparant peu à peu de la juridiction ecclésiastique, de la juridiction des seigneurs, des droits des états-généraux, et enfin de la plupart des prérogatives de la couronne; ces parlemens, dis-je, étaient bien loin, dans l'origine, d'avoir autant de moyens d'empiéter sur les autres pouvoirs que les Cours actuelles, enhardies, par leur inamovibilité, à jouer un rôle politique qui ne leur était pas destiné par la Charte.

Le résumé de ce qui précède est donc : Que les diverses opinions veulent également le Roi et la Charte, la monarchie constitutionnelle, mais qu'elles n'en sont pas plus unies pour cela, et qu'il n'y en a pas moins deux partis en France, divisés d'une manière irréconciliable par des doctrines entièrement contraires;

Qu'en effet les *royalistes constitutionnels* de la gauche demandent l'élection directe, la loi du 5 février 1817, qui nivelle tous les électeurs; une loi qui organise les conseils-généraux et les conseils municipaux, de manière à livrer leur composition à une élection démocratique; l'exclusion des Chambres de tout homme employé par le roi au service public, ou du moins des mesures qui conduiraient à ce résultat; l'appel annuel dans la loi de recrutement; la justice, qui émane directement du roi, et qui doit statuer sur les actes de son administration, livrée aux tribunaux; les agens du roi, livrés sans sa permission aux poursuites de leurs administrés et des tribunaux, pour avoir exécuté les ordres de son gouvernement. Et que d'autres opinions nous pourrions ajouter ici! telles que le droit donné à la garde nationale de nommer ses officiers, et le droit ôté au roi de la licencier quand il le juge à propos; l'examen minutieux du budget, avec la spécialité dans les détails, de manière à mettre toute l'administration dans la Chambre; la licence désordonnée de la presse, l'initiative ôtée au roi par l'extension du système d'amendement, etc., etc., etc.

Qu'au contraire, les *royalistes constitutionnels* de la droite demandent l'élection à deux degrés, qui donne à l'élite des électeurs une plus grande influence sur le choix ; une loi départementale et communale qui réserve à la royauté et à l'aristocratie l'influence que le repos public et la stabilité du gouvernement réclament pour elles ; le rejet des mesures qui présenteraient le roi et le peuple comme deux camps ennemis entre lesquels il faut choisir, et qu'on ne peut pas servir à la fois ; une loi de recrutement qui laisse au roi, sur le nombre, la composition et l'avancement de l'armée, les attributions qu'il s'est réservées par la Charte ; le droit conservé au roi de ne pas soumettre son administration au contrôle des tribunaux, et par conséquent le maintien des conflits ; le maintien de l'autorité du roi sur ses agens, exempts de la tutelle des tribunaux, et par conséquent la défense de les poursuivre sans sa permission ; le droit du roi de nommer les officiers de la garde nationale partout où il juge à propos qu'elle existe, de la créer ou de la licencier quand il lui plaît ; un examen du budget qui laisse quelque chose à faire au pouvoir royal, dont tout l'exercice ne doit pas être dévolu à la seule Chambre des députés ; un plus grand respect pour l'initiative royale, et par conséquent le droit d'amendement restreint dans les limites de la Charte ; enfin, une forte répression des abus de la presse, et surtout des journaux, etc., etc., etc.

Il y a donc deux partis en France, et ceux qui ont la bonhomie d'en douter, ne seraient peut-être pas susceptibles d'être convaincus par des raisonnemens ; mais il suffit, pour les détromper, de l'argument de l'Athénien contre celui qui niait le mouvement ; il suffit de leur faire voir les Chambres, de leur faire lire ou entendre ce qu'on écrit et ce qu'on dit partout.

De ces deux partis, l'un défend les idées favorables à la monarchie, appuyée sur l'aristocratie, l'autre les idées favorables à la démocratie. Les deux partis, établis sur ces bases fondamentales, se subdivisent en plusieurs nuances, dont nous désignerons les principales par les noms tirés de leur place dans la Chambre des députés. Ainsi, l'opinion monarchique est partagée en deux nuances, la droite et le centre droit. L'opinion démocratique présente la même différence, la gauche et le centre gauche. La droite, qu'on a nommée aussi l'*extrême droite* et les *ultras,* d'accord avec le centre droit sur le fond des doctrines, voulait aller plus avant et plus vîte dans le système monarchique et aristocratique, refusait les ménagemens que le centre droit voulait garder à l'égard des principes et des hommes de la gauche, et s'opposait aux concessions que celui-ci croyait utile de leur faire.

La gauche ou l'extrême gauche se distinguait également du centre gauche par des doctrines démocratiques plus absolues, par moins de ménagemens pour les doctrines de la droite, et moins de modération dans les attaques. Ainsi, chacun des deux centres est une modification de l'opinion principale. C'est la même opinion, plus sage et plus modérée, disent-ils eux-mêmes, plus faible et plus timide, disent ceux qui appartiennent à la couleur nette et tranchée; mais enfin, c'est la même opinion dans toute la droite, et la même dans toute la gauche; et c'est ce qui nous fait établir ici cette proposition, que nous développerons plus tard : que l'alliance entre le centre droit et le centre gauche est impossible, et qu'il y a plus loin de l'homme le plus modéré du centre droit, à l'homme le plus modéré du centre gauche, que de l'un ou de l'autre à l'homme le plus vif de son parti; car, quand il ne s'agit que d'aller plus ou moins vîte et plus ou moins loin, il est facile, entre gens qui font la même route, de s'arranger pour se mettre au même pas; mais des gens qui vont dans un sens contraire et se tournent le dos, auront beau ralentir ou accélérer le pas, ils ne se rencontreront jamais.

Avant de tirer la conclusion de ces idées, et d'examiner, sous un rapport moins général, et directement applicable à la situation actuelle, quelles sont les alliances possibles et utiles de ces partis entre eux et avec le gouvernement, il est bon de passer en revue quelques argumens par lesquels on veut trancher la question sans la discuter. On a beaucoup dit que c'était une *nécessité* de s'allier avec l'opinion du centre gauche, et de diriger les affaires publiques dans ce sens; et, à force de le répéter, on a fini par le persuader à beaucoup de gens qui, toujours opposés à ces doctrines démocratiques, se croient obligés de sacrifier leur constante répugnance, et de céder à une nécessité qu'on leur dit invincible. Voici les principaux argumens sur lesquels on s'appuie, pour établir qu'il est impossible de gouverner la France sans se réunir au centre gauche.

1° Les conséquences du gouvernement représentatif. Il n'y a pas, dit-on, de gouvernement représentatif sans toutes les mesures démocratiques conformes à l'opinion du centre gauche.

2° Les conséquences de la Charte. Puisqu'on a adopté la Charte, il faut bien en adopter toutes les conséquences.

3° C'est l'opinion générale de la France et l'esprit du siècle. *Toute la France est centre gauche*, disent-ils sans cesse.

4° La génération nouvelle, qui veut les idées nouvelles, chasse de jour en jour la génération ancienne, attachée aux idées anciennes. Aux prochaines élections, la très-grande partie des électeurs, sauf quelques décrépits, appartiendra aux générations nouvelles. M. le baron Charles Dupin nous a rendu le service de les compter un par un.

Après avoir discuté ces quatre raisons, d'où résulterait l'impossibilité de gouverner la France autrement qu'avec le centre gauche, nous essaierons, de notre côté, de prouver l'impossibilité de la gouverner en s'unissant au centre gauche, 1° parce qu'il est impossible en France à tout gouvernement de subsister, à toute autorité de se maintenir avec les doctrines démocratiques; 2° parce qu'il est plus particulièrement impossible de gouverner avec la licence des journaux, et qu'il est impossible, avec les doctrines du centre gauche, de réprimer cette licence, qui lui est si chère, comme la meilleure arme de la démocratie.

L'examen de ces assertions contraires, sera la matière des chapitres suivans.

CHAPITRE II.

DES CONSÉQUENCES DU GOUVERNEMENT REPRÉSENTATIF EN GÉNÉRAL.

L'on parle souvent des nécessités du gouvernement représentatif, des conséquences et des conditions de ce gouvernement. L'on tranche beaucoup de questions avec cette phrase : *Il n'y a pas de gouvernement représentatif sans cela.* C'est de ce sujet que nous nous occuperons dans ce chapitre, et il n'y sera question que du gouvernement représentatif en général; le chapitre suivant traitera du gouvernement représentatif en France, c'est-à-dire de la Charte.

Il n'y a pas d'institutions qui conviennent également à tous les peuples dans toutes leurs parties, et il suffit qu'on puisse assurer que telle constitution convient parfaitement à tel peuple, pour qu'on ne risque rien d'affirmer qu'elle ne convient à aucun autre avec tous ses détails. Pour que le gouvernement représentatif pût exister chez cent nations diverses, il faudrait que ce fussent cent gouvernemens représentatifs différens, variés suivant les modes conformes aux mœurs locales. Les partisans du gouvernement représentatif doivent donc le présenter comme susceptible de toutes sortes de modifications, comme pouvant se plier à tous les lieux et à tous les caractères, comme propre à s'adapter à toutes sortes de formes; ils doivent bien se garder d'y attacher trop de principes fondamentaux, trop de conditions nécessaires, car à chaque principe, à chaque conséquence nécessaire qu'ils ajoutent, il est probable qu'ils ajoutent quelque peuple à ceux pour qui le gouvernement représentatif est impossible. Il n'y a pas, en effet, d'institution qui ne répugne invinciblement aux mœurs de quelque nation : ainsi toute institution nouvelle donnée comme condition nécessaire du gouvernement représentatif, exclut quelque peuple de plus de la possibilité d'adopter ce gouvernement. Si l'on en vient à regarder tout ce qu'on a vu dans le gouvernement représentatif de tel peuple donné, comme nécessairement attaché au gouvernement représentatif en général, il est certain que ce gouvernement ne conviendra à aucun peuple au monde, excepté à celui chez lequel on a pris le type qu'on voudrait en vain appliquer partout.

Si, au contraire, l'on restreint la partie constitutive de chaque forme de gouvernement au plus petit nombre possible de principes fondamentaux, l'on rend cette forme de gouvernement propre à un plus grand nombre de nations. N'établissez pour base du gouvernement représentatif qu'un seul principe fondamental, il peut s'établir partout. Créez dix principes fondamentaux indispensables, il suffit qu'un seul de ces principes soit incompatible avec les mœurs d'un peuple, pour que ce peuple ne puisse jamais jouir du gouvernement représentatif, et des avantages que vous voudriez lui faire partager. En conséquence, lorsque nous soutenons que le seul principe fondamental qui constitue le gouvernement représentatif, la seule condition essentielle qui lui soit propre, et sans laquelle il ne puisse subsister, c'est le vote libre de l'impôt, c'est la loi reconnue par tous, par le souverain comme par les sujets, qu'aucune contribution ne peut être levée sans avoir été consentie d'avance par ceux qui la paient ou par leurs représentans; lorsque, dis-je, nous fondons le gouvernement représentatif sur cette seule base, nous croyons être plus favorables aux idées nouvelles, que les plus ardens amis de ce gouvernement. Car avec cette doctrine, ils pourraient espérer de voir leur vœu réalisé, et de faire adopter partout en Europe leur gouvernement favori, puisque ce principe fondamental se trouve à la source de toutes les monarchies européennes. Comme il est, dans toutes, plutôt oublié ou négligé que contesté, l'on peut assurer que ce genre de gouvernement pourrait s'y établir d'une manière stable, en l'entourant d'institutions appropriées au génie de chaque peuple, et modifiées en raison de la différence de la religion, du climat, des mœurs, des lois antécédentes et de la situation politique.

Mais si vous adoptez les règles générales de nos professeurs en politique et de leurs élèves, le gouvernement représentatif n'existera nulle part. Ils vous diront en effet : *Il n'y a pas de gouvernement représentatif* sans la liberté des opinions et le droit de les publier par tous les modes possibles; sans la publicité des débats parlementaires, sans la convocation annuelle des Chambres et le vote annuel de l'impôt ; sans l'élection directe; sans le droit d'amendement, etc., et beaucoup d'etc.; car à chaque proposition démocratique, ils n'en discuteront pas les avantages et les inconvéniens, mais ils trancheront la question par cette phrase : *Il n'y a pas de gouvernement représentatif sans cela.*

Qu'en résulte-t-il ? que s'il n'y a pas de gouvernement représentatif sans la liberté de la presse, par exemple, l'Angleterre n'en a pas joui avant 1694, ni la France avant 1819, ni encore aujourd'hui les royaumes de Bavière et de Wurtemberg, etc.; que s'il n'y en a point sans la publicité des débats parlementaires, ce gouvernement n'existe qu'à moitié en France, puisque les séances de la Chambre des pairs sont secrètes, et n'a jamais existé en Angleterre avant le dernier règne, puisque, jusque là, les séances des deux Chambres étaient secrètes, et qu'il était très-sévèrement interdit aux journaux de rien publier de ce qui s'y était passé; que s'il n'y en a point sans la convocation annuelle des Chambres, la monarchie bavaroise n'est point représentative, puisque les Chambres ne s'assemblent que tous les trois ans, et votent l'impôt pour trois ans; que s'il n'y a point de gouvernement représentatif sans l'élection directe, il n'y en a pas eu en France avant 1817, pas même sous la Constitution de 1791, âge d'or de la démocratie, ni sous la Constitution des cortès, ni sous celle du Brésil et du Portugal, ni dans la plupart des Etats d'Allemagne et des nouvelles républiques d'Amérique ; que s'il n'y en a pas sans le droit d'amendement, il n'y a donc pas de gouvernement représentatif dans les Pays-Bas, où les Chambres n'ont pas le droit d'amendement.

On voit qu'avec les principes généraux de nos théoristes, qui bâtissent leurs hautes spéculations hors de la sphère humaine, le gouvernement représentatif, loin de devenir populaire en tous lieux, deviendrait impossible. Mais il est d'autres politiques qui, sans se perdre dans des théories idéales, établissent leurs principes sur des données plus positives : suivant les uns, il y a fort bien un gouvernement représentatif sans la publicité des séances de la Chambre héréditaire, mais il n'y en a pas sans la publicité des séances de la Chambre élective ; il y a un gouvernement représentatif sans les réunions en plein champ, sans les clubs, avec la censure des théâtres, avec la censure des écrits publiés par le mode des affiches, mais il n'y en a point avec la censure des écrits publiés par le mode des journaux. Suivant les autres, le gouvernement représentatif s'accommode avec la censure des théâtres, mais il n'y en a point sans les harangues en plein air, les clubs et la liberté des écrits sous toutes les formes. Les premiers ont établi en principe général ce qu'ils ont sous leurs yeux, et voudraient habiller tous les peuples à la française. Les derniers, plus savans, étendant leur vue jusqu'à sept lieues de nos frontières, ne connaissent d'autres règles pour le monde entier, que celles qui régissent l'Angleterre. Les uns et les autres font d'une seule Constitution le lit de Procuste, et veulent torturer le génie de chaque peuple, l'alonger ou le raccourcir, l'amputer ou le tirailler, pour faire cadrer ses proportions avec la même table de lois. Il appartient aux esprits moins étroits de s'élever à des vues générales. En adoptant de plus larges bases, ils reconnaîtront : que le gouvernement représentatif peut s'adapter à presque toutes les monarchies européennes, parce qu'il peut s'accommoder aux mœurs et aux besoins de chaque peuple, et recevoir, dans les pays divers, toutes les modifications utiles qui ne lui ôtent pas la seule partie essentielle, le vote libre de l'impôt; que les nations qui ne le possèdent pas encore, peuvent s'en procurer les avantages, non pas en se *dénationalisant* et en copiant les étrangers, mais en appropriant à leur état actuel d'anciennes institutions tombées en désuétude; que les peuples qui possèdent déjà cette forme de gouvernement, doivent régler tout ce qui n'est pas écrit dans leur Constitution, par la vue de ce qui est utile et avantageux au pays, mais jamais par ces prétendues maximes générales, résultat de la servile singerie des hommes médiocres, ou des jeux d'esprit de quelques théoristes qui, après s'être amusés à arranger leurs idées dans des cases symétriques et partout semblables, prétendent ensuite y assujettir les hommes et les esprits, partout différens.

Mais, dira-t-on, en admettant un seul principe fondamental, ne conviendra-t-on pas que ce principe doit avoir des conséquences nécessaires qui se feront sentir également chez tous les peuples régis par un gouvernement représentatif? Ce sont ces conséquences que nous réclamons.

Il n'en est pas de la politique comme des sciences exactes : la reconnaissance d'un principe n'entraîne pas avec elle la reconnaissance de ses conséquences rigoureuses. Ainsi, une conséquence présentée, fût-elle la conséquence rigoureuse d'un principe déjà admis, ne doit être reçue en politique que si elle est avouée par la raison. Cherchons donc toujours si telle doctrine est raisonnable et utile au pays, et non pas si elle est la conséquence de tel ou tel principe. Une marche contraire conduirait aux plus grands désordres, et même au chaos. Par exemple, les délégués du peuple doivent donner leur consentement à la levée de toute contribution. De ce principe fondamental de voter l'impôt, découle la nécessité d'en reconnaître le besoin, et par conséquent d'examiner les dépenses, d'en admettre ou d'en contester l'utilité, et ainsi de les contrôler une à une avec le soin le plus minutieux. Du droit d'accorder ou de refuser chaque dépense à part, suit nécessairement la spécialité, sans quoi ce droit serait annulé. Mais comme il n'y a rien dans le pays, depuis la religion jusqu'aux moindres détails d'administration, qui ne donne lieu à une dépense, il suit, de conséquence en conséquence, que la Chambre où siégent les députés est maîtresse du gouvernement; qu'elle conduit toutes les affaires, depuis les plus importantes jusqu'aux plus minces ; qu'elle règne enfin, et qu'elle règne seule. En effet, qu'elle supprime le traitement des évêques, elle nous fait presbytériens ; qu'au moment où il faut fixer la liste civile, elle la porte à 500,000 francs, elle fait de l'Etat une république avec un président ; qu'elle supprime l'armée de terre ou le budget de la marine, elle fait du pays une puissance continentale seulement, ou seulement maritime ; qu'elle change dans la solde et autres dépenses militaires, la proportion de la cavalerie ou de l'infanterie, de l'artillerie, du génie, de la garde et de la ligne ; qu'elle supprime ou réduise le traitement des emplois civils, la voilà souveraine maîtresse des plus petits détails de l'administration, tant militaire que civile, agissant en chef de l'armée, en ministre, en administrateur, rétribuant ou supprimant le maréchal de France comme le garçon de bureau. Tous ces droits sont une déduction rigoureuse du droit de voter l'impôt, et assurent à la Chambre des députés le pouvoir d'un roi absolu. Mais si le droit de voter l'impôt appartient également à une autre Chambre, les mêmes conséquences rigoureuses en font un second chef de la religion, de l'armée, de l'administration, un second roi absolu. Comment se tirer de ce désordre, au milieu des prétentions incontestables de ces deux rois, que rien ne peut empêcher d'arranger ou de déranger le budget comme ils l'entendent ? Et si le roi véritable songeait à réclamer tous les droits que lui assurent les conséquences rigoureuses du principe de tout état monarchique, comment sortir d'un tel chaos, tout conséquent qu'il serait ? Et notez que même pour le très-petit nombre d'objets qui ne se rattachent point au budget, pour le choix des personnes, par exemple, c'est une conséquence tout aussi rigoureuse du droit de voter l'impôt, que ce choix soit dicté par celle des Chambres qui voudrait l'exiger, puisqu'il ne tient toujours qu'à elle d'attacher cette condition et mille autres, au vote absolument nécessaire du budget.

L'on voit donc qu'il ne suffit pas de donner telle proposition comme une conséquence du gouvernement représentatif, pour qu'elle soit admise, mais qu'il faut qu'elle soit raisonnable ; que le gouvernement représentatif n'a pas d'autres conséquences rigoureuses que les conséquences raisonnables, et que la raison politique ne procède point par syllogismes.

Quelles sont donc ces conséquences raisonnables ? Consultons le bon sens et l'expérience.

Nous avons établi que, par suite du vote nécessaire de l'impôt, les délégués du peuple peuvent tout ce qu'ils veulent. Ils voudront évidemment tout ce qui est raisonnable dans la défense de leurs intérêts et de leurs personnes, et il faudra qu'ils aient un grand amour de leur roi et de leur pays, un esprit aussi juste que sage, s'ils n'usent que dans cette mesure raisonnable du pouvoir illimité que nous leur reconnaissons, non pas parce qu'il leur appartient, mais parce qu'ils sont les maîtres de l'usurper.

Par exemple, il est certain que des hommes à qui leur souverain demande leur consentement pour lever les sommes nécessaires aux dépenses de l'Etat, ne se laisseront pas opprimer sans faire entendre leurs justes plaintes, et ne donneront leur consentement qu'en présentant leurs griefs, et sous la condition qu'il y sera fait droit. Aussi a-t-on dit, sous cette forme de gouvernement : *Griefs et subsides se tiennent par la main*. De là suit nécessairement la garantie contre tout arbitraire pour les propriétés et pour les personnes. De cette garantie des personnes et des propriétés, et du consentement indispensable de la nation et de ses représentans à toute levée de deniers, découle évidemment la nécessité du même consentement, pour les règles constantes imposées désormais au pays, pour tout ce qui prescrit aux citoyens des devoirs constans, ou leur impose des charges sous peine de punition, c'est-à-dire que la coopération de la nation à la loi est une conséquence raisonnable, et dès lors nécessaire, du premier principe. Mais à quoi serviraient les meilleures garanties légales, si la loi n'était pas exécutée? Il faut encore des garanties contre tout acte oppressif et illégal de la part du pouvoir chargé d'exécuter les lois. Rien de plus nécessaire pour le bien de l'Etat, pour le repos et le salut de tous, que d'environner le souverain d'une égide sacrée, qui impose le plus profond respect; il faut que ses sujets ne puissent ni le blâmer, ni même le soupçonner d'une faute. Si l'un de ses sujets avait à se plaindre d'oppression, à signaler un acte contraire aux lois, il arrive, la plupart du temps, et il est toujours à présumer que le souverain l'a ignoré, ou que sa signature a été surprise. La faute doit donc retomber sur ses ministres seuls, et c'est de ces idées justes que dérive la responsabilité des ministres.

Voilà les principales conséquences nécessaires, ou plutôt raisonnables.

Le droit de consentir l'impôt a existé dans beaucoup d'Etats modernes, n'a point été interrompu en Angleterre, et subsistait encore en France à l'époque de la révolution, pour les pays d'état et pour le clergé; mais nulle part, même en Angleterre, jusqu'à une époque assez récente, ce droit de consentir l'impôt n'emportait avec lui celui d'examiner en détail, et de contrôler les dépenses. Sans doute on représentait les causes générales de dépenses pour obtenir le vote des subsides, mais l'on ne faisait point connaître les détails. Le changement qui est intervenu, sous ce rapport, dans les pays où le gouvernement représentatif s'est trouvé plus régulièrement organisé, a-t-il été utile? Cette conséquence rigoureuse du vote de l'impôt : *Qu'il faut, pour le voter, connaître toutes les dépenses auxquelles il doit pourvoir,* doit-elle être admise comme une conséquence raisonnable? Nous le pensons. La publicité des comptes de finances et la connaissance entière des dépenses, nous paraissent également dans l'intérêt des gouvernemens et des peuples. C'est le seul moyen d'éviter les soupçons et les défiances, et d'écarter ces injustes accusations, qu'il est si facile de faire accueillir à l'ignorance, lorsque l'impôt fournit au gouvernement des sommes énormes, dont on ne connaît pas l'emploi. Mais si la plus grande publicité en matière de finances est une des heureuses conséquences du gouvernement représentatif, faut-il, de cette nécessité de faire connaître les dépenses à ceux qui votent l'impôt, tirer la conséquence qu'ils doivent examiner, discuter, voter jusqu'aux moindres détails de ses dépenses? Nous ne le croyons pas; et nous pensons, au contraire, que dans tout gouvernement représentatif, agir ainsi c'est empiéter sur les droits du souverain, c'est s'emparer du gouvernement de l'Etat, c'est usurper le pouvoir royal. Le vote de l'impôt est le premier principe du gouvernement représentatif; il est écrit dans toutes les lois fondamentales : le vote des dépenses n'est écrit nulle part. Nous n'examinerons donc point si ce vote des dépenses est une conséquence rigoureuse du vote de l'impôt, puisque nous avons déjà reconnu qu'il n'y a pas une prétention des délégués du peuple (fût-elle exorbitante, la plus étrangère à leurs attributions, la plus ridicule), qui ne soit une conséquence rigoureuse, s'ils veulent obstinément ne voter l'impôt qu'à cette condition. Nous examinerons seulement si le vote des dépenses doit être admis comme une conséquence raisonnable. Quelques observations peuvent conduire à la solution de cette question.

Dans une monarchie représentative, le pouvoir d'action appartient tout entier au roi. Le pouvoir des délégués du peuple est un pouvoir de résistance, une espèce de *veto* qui leur donne les moyens de défendre les intérêts de leurs commettans, et d'arrêter les abus. Cela est vrai partout, à moins qu'on n'admette la doctrine de la souveraineté du peuple. Cela est plus rigoureusement vrai encore, dans les pays où la loi fondamentale aurait réservé au roi seul l'initiative des lois, aurait très-étroitement resserré le droit d'amendement accordé aux délégués du peuple, et ne leur aurait ouvert que la voie de la supplique, pour entrer, par des propositions de loi, dans la direction des affaires. Appliquons donc partout cette ligne de démarcation dans l'examen des conséquences que nous devons admettre comme raisonnables; voyons, sur chaque prétention des Chambres, ce qui appartient au pouvoir d'action ou au pouvoir de résistance; reconnaissons-leur tout ce qui tient au dernier; refusons-leur, pour le rendre au roi, tout ce qui tient au premier.

En appliquant ce principe au vote des dépenses, l'on voit d'abord que les dépenses relatives à la liste civile et aux charges annuelles de l'Etat ne sont susceptibles d'aucune délibération. Tout ce qui regarde la défense et la sûreté de l'Etat, la création et la rétribution des emplois civils et militaires, appartient au roi seul, et c'est à lui à en fixer les dépenses. Ces objets tiennent au gouvernement de l'Etat, et sont nécessairement soumis au pouvoir d'action. Quelle sera donc la mission des Chambres dans le vote de l'impôt? d'exercer son pouvoir de résistance, s'il y a lieu. Si, dans les dépenses présentées pour appuyer le vote de la recette, il se trouve des abus évidens, des prodigalités, des sinécures sans motif, elles pourront retrancher du chiffre total la somme destinée à couvrir ces dépenses: mais, nous le répétons, il faut que l'abus soit évident, qu'il soit signalé et tiré hors du budget pour qu'il soit réformé; mais l'on ne peut mettre en délibération l'un après l'autre tous les articles du budget, et solliciter un vote sur chaque chapitre, sans livrer aux Chambres le gouvernement comme l'administration, sans leur donner le pouvoir d'action sur toutes les parties de l'Etat, sans tout confondre enfin. Ce qui appartiendrait plus spécialement aux délégués du peuple, et ce dont ils s'occupent le moins, c'est de chercher avec soin quelle serait la manière la moins onéreuse à la nation de fournir au roi les sommes nécessaires au service public, et de déterminer le mode de contributions qui peserait le moins sur les contribuables. Mais, au contraire, il arrive souvent que des Chambres s'occupent longuement des dépenses qui ne sont pas dans leurs attributions, pour passer légèrement sur les recettes, qui sont leur véritable et leur propre affaire; obéissant sans doute à cette loi générale de l'imperfection humaine, qui porte à mettre plus de soin et de prix à ce que l'on dérobe qu'à ce qu'on possède légitimement.

Concluons que la connaissance des dépenses est utile, mais que l'examen minutieux et le vote de chacune de ces dépenses sont de ces conséquences rigoureuses du gouvernement représentatif, qui ne peuvent être admises dans une monarchie comme conséquences raisonnables.

L'on a l'habitude de citer la publicité par toutes sortes de modes, et particulièrement par les journaux, comme la condition indispensable, la pierre fondamentale de ce gouvernement, comme l'âme du gouvernement représentatif : c'est une assertion fausse, inventée par l'intérêt d'un parti, et propagée par l'ignorance ; et l'on devine aisément l'intérêt du parti démocratique à mettre en jeu les opinions de la multitude, pour les opposer à la sagesse de ceux que les lois constitutionnelles de chaque pays ont seuls reconnus comme législateurs.

Il nous est impossible de convenir que la publicité soit une conséquence rigoureuse du gouvernement représentatif. Sur quoi appuie-t-on cette assertion ? sur ce que la nation concourant, par le choix de ses délégués, à la direction de ses affaires, il faut bien qu'elle les connaisse et s'instruise sur les intérêts publics ; sur ce qu'il faut que tous les abus soient connus pour être réprimés. Il suffira d'indiquer ici, sans les développer, les propositions suivantes : 1° Qu'il n'y a pas de livres, fussent-ils faits par de nouveaux Montesquieu, qui puissent faire des habitans d'un pays autant d'hommes d'Etat, parce qu'il n'y a pas un homme sur mille dans la masse, et à peine un sur cent parmi les électeurs eux-mêmes, qui soit en état d'avoir un avis réfléchi sur les affaires publiques; 2° que quand les citoyens pourraient s'instruire sur les questions politiques, ce ne serait pas dans les pamphlets du moment qu'ils apprendraient cette science, et encore moins dans les journaux, qui ne savent que parler aux passions, et ne traitent presque jamais les questions de finances, d'administration, etc.; 3° que les citoyens n'ont pas besoin de ces connaissances pour nommer leurs députés, attendu qu'ils n'ont pas d'instructions ni de mandats à leur donner, et qu'il leur suffit de choisir les plus honnêtes et les plus éclairés d'entre eux, comme des syndics chargés de défendre leurs intérêts dans leurs relations avec le gouvernement qui leur propose des lois; 4° que quant à la répression des abus, ils se feront assez connaître par les plaintes des intéressés, qui peuvent s'adresser toujours à l'autorité supérieure, en suivant la hiérarchie administrative ou judiciaire, et qui, s'ils n'obtiennent justice, peuvent directement recourir au roi ou aux Chambres; moyen bien plus sûr de faire connaître ces abus que des journaux, où le faux est tellement mêlé avec le vrai (quand il y a du vrai), qu'on ne peut distinguer l'un de l'autre.

Mais si la publicité, particulièrement par les journaux, n'est pas une conséquence rigoureuse du gouvernement représentatif, en est-elle une conséquence raisonnable?

Dans un pays où il n'y aurait d'autre souverain que le roi légitime; où les députés du peuple, appelés, non pas à un rôle actif, mais à un rôle passif; non pas à faire, mais à arrêter ou empêcher, s'il y a abus; non pas à gouverner, mais à défendre les intérêts des citoyens, s'ils étaient blessés, soit par les lois proposées, soit par les actes de ceux qui gouvernent; dans un pays ainsi constitué par la loi fondamentale, en quoi serait-il utile de porter, dans tous les coins du royaume, la discussion des affaires publiques, les dissensions continuelles et les fureurs des partis qui s'agitent aux lieux où siége le gouvernement; d'entretenir partout deux partis toujours ennemis, d'échauffer les esprits sur des matières qu'ils n'entendent pas, et de préparer des alimens aux discordes civiles? Est-il besoin de faire un cours de politique et d'injures, pour choisir, comme défenseurs des intérêts nationaux, les plus honnêtes et les plus éclairés des citoyens qui vous entourent? Puisque le peuple n'a point de mandats spéciaux à donner à ses représentans, il est plus nuisible qu'utile que les factions plaident devant lui, et lui communiquent leur haine et leur violence.

Une publicité qui paraît bien plus nécessaire que celle des journaux, est celle des débats parlementaires; et cependant nous ne savons si l'Angleterre a éprouvé de grands inconvéniens de ce secret, qui était obligé il y a soixante ans, et si elle a tiré des avantages évidens de cette publicité, qu'elle s'était si long-temps interdite. Nous ne savons si une loi présentée à la nation comme la plus sage et la plus utile par son adoption au nom des trois pouvoirs, sortant du sanctuaire vénérable où ne pénétraient pas les regards des profanes, n'imposait pas à la fois le respect et l'obéissance; et si une loi que la moitié des législateurs qui l'ont discutée représentent comme nuisible, détestable, attentatoire aux droits des souverains ou aux libertés des peuples, propre enfin à renverser le trône ou à opprimer la patrie, peut, après qu'elle est votée, parvenir à inspirer le respect, et obtient autre chose qu'une obéissance forcée. Nous ne savons si c'est là le moyen d'attacher un peuple à sa législation ; et nous doutons que les jugemens des tribunaux obtinssent du public le même respect, et inspirassent la même confiance, si les délibérations des juges, rendues publiques, présentaient une partie des magistrats soutenant que l'arrêt est inique et contraire à la loi, et, s'il s'agit d'un procès criminel, que l'accusé, condamné aux peines les plus graves, peut-être à la mort, est innocent. Sans prétendre résoudre la question en théorie, nous remarquerons seulement en fait, que les quatre-vingts ans qui, en Angleterre, ont suivi la révolution de 1688, et durant lesquels les délibérations des deux Chambres étaient secrètes, passent (au jugement des libéraux surtout) pour le beau idéal du gouvernement représentatif, et comprennent les règnes de Guillaume, Anne, George Ier et George II, sous lesquels l'Angleterre a presque toujours été gouvernée par des ministères wighs.

Il suit de ces réflexions que la publicité n'est point de l'essence même du gouvernement représentatif ; qu'elle ne serait point nécessaire aux nations qui auraient à établir ce genre de gouvernement, et qu'elles n'auraient à consulter sur ce point que leurs mœurs et le bien du pays ; qu'elle est nécessaire aux nations dont la Constitution l'ordonne, mais seulement comme article de cette Constitution, et non pas comme partie essentielle et conséquence nécessaire d'un gouvernement représentatif, mais seulement dans les limites tracées par cette Constitution. Ainsi, le gouvernement représentatif des Anglais leur donne la publicité des débats parlementaires depuis 1771, la liberté de la presse depuis 1694, et existait auparavant sans aucun de ces moyens de publicité. Ainsi, le gouvernement représentatif des Français leur donne le secret des débats dans la Chambre des pairs, et la publicité des débats dans la Chambre des députés ; la liberté de la presse, avec toutes les restrictions que la loi jugera indispensables pour empêcher les abus ; car c'est la condition expresse sans laquelle cette liberté n'est pas donnée. Ainsi, le gouvernement représentatif de diverses autres nations est soumis à d'autres règles sur le point de la publicité.

En résumé, le libre vote des contributions, c'est-à-dire de la recette, par les sujets ou leurs représentans, comme seul principe fondamental ; leur coopération aux lois, la responsabilité des ministres, la liberté individuelle, la connaissance préliminaire des dépenses publiques, comme conséquences nécessaires, voilà les seuls points qui constituent essentiellement la monarchie représentative; voilà les institutions indispensables qui peuvent s'accommoder à toutes les formes diverses établies suivant les besoins et le caractère des peuples.

Qu'on cesse donc de nous imposer cent propositions démocratiques, comme des conséquences nécessaires de cette forme de gouvernement, assertion si souvent répétée par nos jeunes et vieux docteurs, assertion qui, la plupart du temps, n'est fondée que sur ce fait, qu'ils ont vu ce qu'ils réclament établi ailleurs, et qui se résoudrait en celle-ci, que l'essence même du gouvernement représentatif se compose exactement de tout ce qui existe en Angleterre. Il est trop de ces esprits étroits qui ne savent faire leur thême que d'une façon; qui ne savent inventer que ce qu'ils ont vu quelque part, et ne peuvent se figurer qu'il puisse exister un autre gouvernement représentatif que celui qu'ils ont lu dans leurs livres, et notamment dans l'ouvrage de Delolme, sur la Constitution anglaise; qui n'ont qu'un cadre pour tous les tableaux, et qu'un vêtement pour toutes les tailles; qui jugent de tous les peuples par celui qu'ils ont regardé, comme le bourgeois de la rue Saint-Denis, qui prend son voisin pour le type de l'espèce humaine, ou comme ce voyageur qui jugeait de tous les habitans d'une ville par son hôtesse. Que l'on se rappelle ce peintre d'enseignes qui ne savait peindre que des roses rouges, et en plaçait partout, se contentant d'écrire au-dessous : *Au Grand-Cerf, au Lion-d'Or*, etc. C'est ainsi que nos fortes têtes, qui ne savent faire que des Constitutions d'Angleterre, bornent tout l'effort de leur génie à suspendre partout, comme enseigne, cette Constitution, en se contentant d'écrire au-dessous : *France, Naples, Espagne, Portugal, Hollande*, etc., etc.

Les hommes de tout âge, capables de penser par eux-mêmes, sentiront qu'il n'y a pas une seule institution qui convienne également à tous les peuples ; que la tâche facile des apprentis vulgaires est d'établir des théories générales par voie d'axiomes et de déductions, sorte d'érudition politique qui traîne partout, et pour laquelle il ne faut que de la mémoire ; que le propre des esprits supérieurs est de démêler, dans le caractère et les institutions antérieures de chaque peuple, de quelle manière il faut accorder les théories générales avec sa Constitution particulière; de déterminer ce qu'il peut admettre et ce qu'il repousse invinciblement; de découvrir, enfin, dans le patron général, ce qui peut se fondre avec les spécialités de chaque nation.

Du gouvernement représentatif considéré en général, et sans égard aux différentes nations, nous passons à celui qui est établi en France.

CHAPITRE III.

DES CONSÉQUENCES DE LA CHARTE.

En mathématique, lorsqu'un principe est vrai, toutes ses conséquences sont également vraies. Ainsi, tirer le plus grand nombre possible de conséquences d'un principe, arriver de déduction en déduction jusqu'à ses extrêmes conséquences, c'est être utile, et faire avancer la science.

Nous l'avons déjà remarqué, il n'en est pas de même en politique. Ici le principe peut être vrai et utile, et telle conséquence ne pas l'être également; surtout il est dangereux et impossible de pousser aucun principe jusqu'à ses extrêmes conséquences. Posez le principe de l'autorité, et de conséquence en conséquence vous arriverez au despotisme. Faites dans le code fondamental la part des libertés publiques et de la démocratie; et si du premier principe établi dans ce code vous descendez jusqu'aux extrêmes conséquences, vous tombez dans le désordre et l'anarchie. Si donc on vous propose telle loi ou telle mesure comme une conséquence de la Charte, ne laissez pas d'examiner si elle est utile au pays; et à moins que la Charte n'ait expressément prononcé sur cet objet, décidez-vous dans votre conscience d'après les véritables intérêts de la France, sans vous inquiéter des argumens fondés sur les conséquences de la Charte.

En effet, que veulent dire ces expressions, *conséquences de la Charte?* L'on peut tirer des conséquences de ce qui est *un,* de ce qui renferme un seul principe; mais de ce qui est collectif, de ce qui renferme des principes divers et même contraires, nous défions qu'on puisse en tirer une conséquence. Vous pourrez bien réclamer, et il sera aisé de concevoir les conséquences de tel ou tel article de la Charte, lequel renferme un seul principe, soit monarchique, soit aristocratique, soit démocratique; mais les conséquences de l'ensemble de cette Charte qui contient ces principes opposés, cela ne présente aucune idée, et ce ne sont que des mots vides de sens. Vous tirerez une série de propositions démocratiques, comme conséquences nécessaires de la Charte; vos conséquences seront rencontrées et heurtées par d'autres conséquences nécessaires de cette même Charte, qui seront présentées dans une série de propositions aristocratiques ou monarchiques; l'on vous montrera à la fois le pour et le contre; l'on vous engagera à dire en même temps oui et non, comme conséquence également nécessaire de la Charte.

La Charte, comme toutes les Constitutions raisonnables, a pour but de reconnaître ou d'établir divers pouvoirs qu'elle cherche à placer en équilibre : ainsi, les conséquences de la Charte seraient donc les conséquences de cet équilibre. Or, quelles sont les conséquences d'un équilibre qu'on veut conserver? de venir au secours de la partie la plus faible; mais chacun soutient à son tour que c'est le côté de l'édifice qu'il envisage qui a besoin de renfort. Il n'y a donc qu'à examiner et rechercher les vrais intérêts du royaume, et non pas des conséquences que chaque opinion réclame en sa faveur : vaste arsenal où tous les partis trouvent les armes dont ils se servent dans le combat. C'est ainsi que l'on combattra les conséquences des articles qui établissent les droits des Chambres, par les conséquences des art. 13 et 14, qui reconnaissent ceux du roi; les conséquences de l'art. 5 sur la liberté des cultes, par les conséquences de l'art. 6, qui proclame religion de l'Etat la religion catholique, apostolique et romaine; les conséquences des art. 1 et 3, sur l'égalité des Français et leur égale admissibilité à tous les emplois, par les conséquences des art. 38, 39 et 40, qui établissent les conditions d'éligibilité, et par celles de l'art. 71, qui accorde à la noblesse des rangs et des honneurs; les conséquences de l'art. 16, qui donne l'initiative au roi, par les conséquences de l'art. 19, qui donne aux Chambres la faculté de supplier le roi de proposer des lois, etc., etc.

Nous en concluons que si l'on s'appuie sur les volontés formellement exprimées dans la Charte, il n'y a plus lieu à examen; mais que, hors ce seul cas, il n'y a plus à considérer que les besoins et les intérêts du pays; qu'on peut bien arguer, en faveur de son opinion, des conséquences de tel ou tel article de la Charte en particulier, mais qu'il faut toujours avoir soin de s'arrêter au point où ces conséquences contrarieraient les conséquences d'un autre article; que si l'expérience montrait avec le temps un principe de la Charte dominant sur tous les autres, le législateur, bien loin d'appeler les conséquences de ce principe prédominant pour le renforcer encore, devrait, au contraire, étendre les conséquences des principes opposés pour l'affaiblir : ce serait le seul moyen de se conformer à la Charte, dont le véritable esprit est un esprit d'équilibre. L'esprit de la Charte est donc, en résultat, de tirer les conséquences en raison inverse de chaque principe dans la Charte, afin de maintenir la balance en équilibre, au lieu d'ajouter toujours de nouveaux poids du côté où elle penche déjà : c'est dans ce sens qu'il faut souvent s'attacher à repousser les conséquences, au lieu de les admettre comme indispensables.

Nous envisagerons la question sous un autre point de vue, et nous remarquerons que c'est surtout des principes démocratiques contenus dans la Charte, qu'on doit tirer le moins de conséquences. Dans la Charte que le roi a octroyée à ses peuples (comme dans beaucoup de Chartes autrefois consenties à des villes, des provinces, etc.), les droits et les priviléges accordés se composent de la concession et de l'abandon d'une partie du pouvoir que le souverain possédait auparavant; le roi s'est donc réservé ce qu'il n'a pas expressément concédé par la Charte, et il jouit de la plénitude du pouvoir royal, *à l'exception* des pouvoirs auxquels il a renoncé. Or, c'est un principe reconnu, que les exceptions ne sont susceptibles d'aucune extension. D'après ce principe, le pouvoir démocratique doit pleinement jouir de tout ce qui lui est expressément attribué par la Charte; mais il ne peut prétendre à étendre ce pouvoir de conséquence en conséquence. Ce que le roi n'a point cédé en termes exprès, il l'a gardé; et est-il convenable d'arguer de ce qu'il a cédé, pour entreprendre d'exiger ce qu'il s'est réservé?

Ce que disent ici les principes, de nobles sentimens le disent encore plus haut à tous les cœurs français. Quoi! nous nous servirions des concessions faites par nos rois, pour en arracher d'autres comme conséquences nécessaires! nous nous armerions contre eux de leurs propres bienfaits! nous profiterions de l'abandon volontaire qu'ils ont fait d'une partie de leur pouvoir, pour amener l'abandon forcé de la portion qui leur reste! et introduits dans le palais du gouvernement par la bonté royale, nous étendrions sans cesse la place qui nous est donnée! nous franchirions les limites que nous a tracées le maître du logis, nous le repousserions de place en place, et, comme ces méchans dont parle La Fontaine, nous forcerions nos rois à regretter leurs dons !

Ce qu'on donne aux méchans, toujours on le regrette ;
Laissez-leur prendre un pied chez vous,
Ils en auront bientôt pris quatre.

Non! non! tant d'ingratitude et de perfidie ne peut prospérer long-temps en France. Tous les droits des citoyens, toutes les libertés publiques utiles au pays sont suffisamment garantis par le texte même de la Charte, sans extension, sans conséquences plus ou moins forcées. Prenons religieusement pour règle le texte de cette loi fondamentale, où la démocratie trouve toutes ses garanties, toute la part qu'elle peut obtenir au pouvoir, sans compromettre l'édifice de notre Constitution, et écartons soigneusement cette extension et toutes ces prétendues conséquences, qui ouvriraient une carrière vaste et sans limites aux envahissemens du pouvoir populaire.

L'on voit qu'il en est des conséquences de la Charte comme des conséquences du gouvernement représentatif en général, et que les unes ne présentent pas plus que les autres un motif de faire prévaloir les opinions démocratiques du centre gauche. Trouverons-nous davantage ce motif dans l'opinion publique et l'esprit du siècle ?

CHAPITRE IV.

DE L'OPINION DE LA FRANCE, ET DE L'ESPRIT DU SIÈCLE.

Faut-il prendre l'opinion générale pour guide du gouvernement?

Le gouvernement doit-il consulter, avant d'agir, l'opinion générale, l'opinion de la masse, l'opinion vulgaire, l'opinion qui résulte des voix comptées et non pesées? Nous remarquerons d'abord que les efforts des législateurs habiles ont tendu, dans tous les temps, à ne pas confier la direction des affaires aux suffrages de la multitude, et que, dans les pays même où la Constitution ne reconnaissait d'autre souverain que la nation, c'était aux sages, aux vieillards, aux pères (aristocratie, sénat, patriciens) qu'était donnée la principale part dans le gouvernement de l'Etat. C'est aux profondes combinaisons qui, en introduisant le vote par centuries, assurèrent toute l'influence aux votes des premières classes, et frappèrent de nullité les votes des classes inférieures, que Rome dut les lois et les principes de gouvernement qui l'élevèrent si haut. Si ce système prévalut dans une république, en fonda la grandeur, et ne put succomber sous les efforts de la démocratie sans entraîner avec lui la perte de toute liberté, combien, à plus forte raison, ne doit-il pas être nécessaire dans une monarchie!

Est-ce de bonne foi qu'un homme de sens croira et soutiendra que les questions de gouvernement et de politique peuvent être décidées par l'opinion générale? Combien, dans la masse générale, y a-t-il d'hommes qui entendent ces grandes questions, et qui soient en état de se former un avis, quand, dans les corps d'élite eux-mêmes, il y a si peu d'hommes qui connaissent bien les matières dont ils ne se sont pas spécialement occupés; quand les plus habiles, et ceux qui ont le plus approfondi un sujet particulier, hésitent souvent encore sur la bonté, sur l'à-propos, sur les effets de telle ou telle mesure proposée? La nature, qui produit si rarement les hommes d'Etat et les grands hommes, en donnerait encore trop souvent aux nations, s'ils étaient forcés à suivre le courant de l'opinion vulgaire. Ils seraient alors tout à fait inutiles; et autant vaudrait mettre à la tête de l'État les premiers venus, tirés au sort, s'il ne s'agissait que d'enregistrer et d'homologuer ce que pense la foule. La Russie serait encore reléguée sur les frontières de l'Europe et de l'Asie, et étrangère à toute civilisation, si le czar Pierre n'avait pris pour règle de son gouvernement que l'opinion générale de sa nation. Un homme d'Etat force, brave ou dirige l'opinion, et dédaigne toujours de la suivre en esclave. Il serait facile de citer bien d'autres occasions où des hommes d'Etat ont fait le bien de leur pays, malgré l'opinion générale, et en opposition avec les idées adoptées par la grande majorité de la nation; il serait plus facile encore de citer mille occasions où des pays ont été mis en péril, et même perdus par la faiblesse qu'ont eue ceux qui le gouvernaient, de céder à l'opinion publique du moment.

Mais pour obéir à l'opinion générale, il faudrait d'abord s'assurer qu'elle existe, et savoir comment la reconnaître. Croit-on qu'il y ait une opinion générale en France; qu'on trouve les mêmes idées en Bretagne qu'en Alsace, en Poitou qu'en Champagne, en Flandre qu'en Languedoc? L'opinion générale, dans la Vendée, ne s'est-elle pas montrée, depuis quarante ans, fort différente de celle des provinces du centre? Buonaparte, partant pour son exil, n'a-t-il pas traversé des provinces où les regrets de la population ne cherchaient pas à se dissimuler, et d'autres où il fallait le déguiser et précipiter son passage, pour le soustraire aux fureurs populaires? Quoiqu'il ne faille pas juger de l'opinion à l'égard du droit d'aînesse, sur la rage accidentelle communiquée par le contact des journaux, il n'en faut pas moins reconnaître que le droit d'aînesse est impopulaire dans le nord du royaume, tandis qu'il est dans les mœurs, dans les habitudes de toutes les classes du midi de la France, où le plus pauvre paysan qui a un carré de terre, le laisse à son fils aîné.

Il en résulte qu'il n'y a point d'opinion générale en France; que l'opinion change de province à province, et quelquefois de ville à ville. Mais, quand il y en aurait une, pense-t-on qu'il soit si aisé de la reconnaître? Prendra-t-on des idées qui, colportées par des journaux, des pamphlets, même des livres, ont un moment de vogue, et sont le sujet des criailleries de tant d'hommes-perroquets, pour l'expression de l'opinion générale? Pour trouver dans un peuple cette opinion, il faut fouiller dans le fond des cœurs; et comme ce talent n'est donné à personne, on ne la connaît avec certitude que lorsqu'une circonstance extraordinaire développe et fait éclater au dehors ces sentimens profonds ignorés jusque-là. Qui connaissait l'opposition générale de la Vendée aux idées nouvelles, avant l'occasion qui fit éclater cette guerre? Ceux qui plaignaient l'Espagne d'être soumise à son gouvernement absolutiste et monacal, ne se seraient, certes, pas doutés de l'attachement général de la nation à ses anciennes institutions, sans les évènemens de 1808 et de 1823. Il est donc très-difficile de connaître la véritable opinion générale : les opinions qui font le plus de bruit, ne sont pas toujours les plus répandues; car l'opinion d'un parleur fait plus de bruit dans le monde que celle de mille personnes qui se taisent. Aussi la difficulté de connaître la véritable opinion publique est-elle si évidente, que chacun la place où il veut, et que c'est également au nom de l'opinion publique que parlent souvent les partis contraires.

Il est certain que tous les gouvernemens du monde, ou peu s'en faut, ont été combinés, non point pour faire prévaloir, mais au contraire pour écarter l'opinion et la volonté du plus grand nombre; et la raison en est simple : la plupart des hommes sont conduits par leurs intérêts; or, les intérêts apparens du plus grand nombre sont partout en opposition avec les lois sur lesquelles est fondé l'état social, et particulièrement avec la première de toutes, le droit de propriété. Il n'y a pas de pays où la loi agraire ne fût adoptée, si l'on prenait l'avis de la majorité; car le nombre de ceux qui gagneraient au partage égal des terres est bien plus grand que le nombre de ceux qui y perdraient. Il en est de même pour toutes les questions importantes. Il y a plus de pauvres que de riches, plus de bourgeois et de paysans que de nobles, plus de personnes soumises à l'autorité que de magistrats, plus de soldats que d'officiers, plus de laïcs que de prêtres, plus d'écoliers que de professeurs. Partout les intérêts apparens du grand nombre sont opposés aux droits du petit nombre; et puisque le but des lois est d'assurer tous les droits, ce n'est pas l'opinion du grand nombre qu'il faut consulter sur les lois à faire.

Nous demandons de plus si l'instabilité et les caprices de ce qu'on nomme l'*opinion pu-*

blique permettraient d'en faire la règle des gouvernemens, pour lesquels la stabilité est le premier besoin. Quel guide pour un gouvernement que cette opinion qui appelle à grands cris M. Necker en 1789, et le force à cacher sa fuite en 1790; qui déifie tour à tour MM. Bailly et Lafayette, Péthion et la Gironde, etc., etc., et peu après les accable de malédictions et d'insultes jusqu'au pied de l'échafaud; qui donne sans cesse des preuves de la même inconstance durant la révolution, et qui, dans des temps plus paisibles, accueille avec une égale joie, depuis douze ans, l'entrée et la sortie de tous les ministres!

« Mais, dira-t-on, il ne s'agit point de prendre pour guide l'opinion de la multitude, mais celle des électeurs seulement; de ceux qui, dans un gouvernement représentatif, sont chargés de nommer les législateurs, et par conséquent de faire intervenir l'opinion de la nation dans la confection des lois. Il ne s'agit donc pas de l'opinion des classes inférieures, contre laquelle se sont armés les anciens législateurs, mais de l'opinion des classes mitoyennes, qui doit réellement donner la direction. La difficulté de prendre pour guide une opinion qui est différente selon les provinces, et de reconnaître des sentimens, cachés souvent dans le fond des cœurs jusqu'à l'évènement qui les fait éclater, disparaît également quand on cherche l'opinion dans le résultat des élections, puisque ces opinions diverses se résolvent toujours en une majorité. »

Nous consentons à porter la discussion sur ces bases, en nous réservant d'examiner plus loin si c'est l'opinion des classes mitoyennes ou celle des premières classes que le gouvernement doit consulter, et en remarquant dès à présent que les classes inférieures auxquelles les anciens législateurs voulaient donner peu de participation aux affaires de l'Etat, étaient, dans les anciennes républiques où il y avait des esclaves, à peu près dans la même situation que ce que nous appelons aujourd'hui *classes mitoyennes;* car les esclaves remplissaient les offices que remplissent dans les Etats modernes les dernières classes. Cette remarque est également vraie aujourd'hui dans les pays où il y a des esclaves. La classe inférieure répond à nos classes mitoyennes.

C'est donc l'opinion publique, telle que la fait connaître le résultat des élections, qui doit indiquer au gouvernement la direction à suivre. Voyons par l'expérience, quel sera le sort d'un gouvernement qui s'embarque sur la foi d'un pareil guide, et cherchons l'opinion générale de la France dans celle de la majorité produite par les élections, depuis que nous avons des élections.

En 1789, les mandats donnés aux députés expliquèrent très-nettement quelle était l'opinion de la France : le gouvernement monarchique de nos Bourbons, avec des réformes qui établiraient l'égale répartition des impôts et la liberté des citoyens, voilà l'esprit des premières élections.

En 1791, lors des élections pour l'Assemblée législative, il ne s'agissait plus d'une monarchie tempérée. La majorité des députés était en faveur de la Constitution qu'on venait de proclamer, c'est-à-dire pour une espèce de monarchie démocratique où il n'y avait plus que le nom de *roi*.

En 1792, les élections amenèrent une majorité passionnée pour une république démagogique.

Les élections suivantes, en 1795, manifestèrent hautement la haine de la révolution.

Dans les élections de 1797, haine encore plus prononcée de la révolution.

Il n'en fut pas de même des élections qui

eurent lieu entre le 18 fructidor et le 18 brumaire. La majorité se composa d'amis de la révolution et de jacobins.

De 1800 à 1814, le mode d'élection était combiné, moins pour faire connaître l'opinion de la nation, que pour la diriger ou la redresser. Toutefois, l'on peut remarquer que l'opinion de la nation et l'esprit des élections étaient en général contraires à la révolution et aux idées philosophiques.

Au mois de mai 1815, les élections amenèrent, à la Chambre des représentans, une majorité moitié libérale et moitié jacobine.

Au mois d'août 1815, la majorité se composa de ces royalistes prononcés qui reçurent depuis le nom d'*ultras*, ou d'*hommes de la droite*.

En 1816, après l'ordonnance du 5 septembre, la majorité appartenait à l'opinion du centre droit, mais la droite y formait une minorité considérable.

En 1817, la majorité des députés nommés était partagée entre les opinions du centre droit et du centre gauche.

En 1818, la majorité élue appartenait au centre gauche et à la gauche.

En 1819, la gauche eut la majorité dans les élections.

De 1816 à 1819, les élections avaient présenté la France comme tendant vers les opinions de la gauche, par une marche plus rapide d'année en année. Les quatre années de 1820 à 1823 présentèrent une marche toute contraire, et donnèrent une majorité partagée entre le centre droit et la droite.

En 1824, l'opinion de la droite seule eut à peu près l'unanimité dans les élections; et ce qu'il y a de fort remarquable, c'est que cette opinion du centre gauche, de ce fameux centre gauche, cette opinion qui est, dit-on, celle de toute la France, n'eut qu'un seul représentant dans la Chambre en 1824, et encore il fallut, pour l'y porter, le concours de quelques voix royalistes. Sans cette circonstance, la France n'aurait pas eu, parmi ses députés, un seul organe de son opinion générale. Voilà un résultat bien singulier; aussi n'a-t-on pas manqué de crier à la fraude et aux influences illégales, sans songer que c'était abaisser ce siècle de lumières jusqu'à ces siècles d'ignorance où les vaincus ne manquaient pas d'attribuer leur défaite à quelque sorcellerie. Mais comme on avait reproché les mêmes fraudes et influences à toutes les élections précédentes (1), comme en 1827 on les a reprochées à un plus grand nombre de départemens qu'en 1824, et que cependant la gauche a presque obtenu la moitié des choix, il faut croire que le résultat eût été semblable en 1824, si l'opinion avait été la même, et que l'opinion du centre gauche aurait aussi bien su se manifester alors, si elle avait été aussi en force.

En 1827, les élections ont amené la plus forte moitié dans les diverses nuances de droite,

---

(1) *Voyez*, pour les élections de 1816, la proposition faite le 23 novembre 1816 par M. de Chateaubriand, à la Chambre des pairs, pour l'examen de ce qui s'y était passé, imprimée avec des développemens et les pièces à l'appui, les circulaires de ministres, les lettres de préfet, les réclamations d'électeurs, et, entre autres, les pétitions des électeurs du Lot, réclamant contre les violences, les séductions et les menaces par lesquelles le préfet parvint à empêcher l'élection de M. Syrieys de Mayrinhac, etc., que M. de Chateaubriand regrettait fort de voir écarter.

M. de Montgaillard fait le même reproche *d'emploi de mille moyens corrupteurs* aux élections de 1816, et dit, à propos de celles de 1818 : « Les choix manifes-« tent à quel point la majorité des propriétaires ré-« prouve le système des ministres, et *s'irrite de leurs* « *tentatives pour dominer exclusivement les colléges.* »

le reste appartenant à la gauche, surtout au centre gauche.

Dans les nombreuses réélections de 1828, c'est au contraire l'extrême gauche qui domine.

Présentons le résumé de l'opinion de la France, telle que l'ont indiquée les élections depuis quarante ans.

Le vœu national révélé par les élections (style de journaux) fut donc :

En 1789, une monarchie tempérée.

En 1791, une démocratie avec un titre de roi.

En 1792, une république démagogique.

En 1795, haine de la révolution.

En 1797, même tendance, plus forte.

En 1798, amour de la révolution et jacobinisme.

De 1800 à 1814, servilité au gouvernement et opposition aux idées libérales.

En mai 1815, libéralisme et jacobinisme.

En août 1815, royalisme le plus prononcé; droite.

En 1816, centre droit.

En 1817, centre droit et centre gauche.

En 1818, centre gauche et gauche.

En 1819, gauche.

De 1820 à 1823, centre droit et droite.

En 1824, droite.

En novembre 1827, centre gauche et droite.

En avril 1828, gauche.

L'on voit, par cette récapitulation, que *le vœu national révélé par les élections* a continuellement changé; que la nation n'a jamais été quatre ans de suite sans vouloir précisément le contraire de ce qu'elle avait voulu précédemment; que ce revirement complet a souvent eu lieu au bout d'un ou deux ans, ou même de quelques mois; et qu'il s'est rarement passé un an sans quelque modification dans l'opinion générale, telle au moins que la présentent les élections.

Et voilà le guide que l'on offre au gouvernement du roi! Ce n'est plus sur les principes fixes du bien et du mal, et sur les saines doctrines qu'il faudra appuyer le gouvernement; ce n'est plus par la considération du bonheur et de la gloire de la France, par le soin de l'intérêt général, par le conseil des gens éclairés, par l'avis des vrais hommes d'Etat, si la Providence en envoyait à la tête des affaires, qu'il faudrait diriger le royaume : c'est d'après cette opinion mobile, sans cesse entraînée dans des sens contraires par la vogue et par les aveugles passions du moment, qu'il faudra faire et défaire sans cesse, tracer, effacer, retracer la marche du gouvernement, et le roi devra désormais attacher son drapeau blanc à une girouette : étendard bien digne du siècle, bien digne d'un parti qui, en théorie comme en fait, veut toujours livrer la plus belle des monarchies au vent des caprices populaires.

Mais, en accordant même que l'opinion, telle que les élections la signalent, doit servir de guide au gouvernement, nous allons prouver que ce n'est pas aujourd'hui résoudre la question en faveur de l'opinion libérale du centre gauche, et qu'au contraire, c'est en suivant la véritable opinion publique que le gouvernement doit marcher avec les royalistes.

Voici le résultat des élections qui ont amené la chambre actuelle. Dans les colléges d'arrondissement, les libéraux ont eu une forte majorité; aux colléges de département, les royalistes l'ont emporté dans plus des trois quarts des départemens. Ainsi, l'opinion des petits colléges est contraire à l'opinion des grands colléges; laquelle des deux doit donner l'impulsion au gouvernement? Nous le demanderons à la Charte, à cette Charte où nous reconnaissons avec nos adversaires qu'il faut aller chercher la solution de toutes les questions douteuses. Les colléges d'arrondissement contiennent la totalité des électeurs pris indistinctement; les colléges de département se composent de l'élite des électeurs seulement, et à quelques exceptions près, de tous ceux que le Charte a établis seuls éligibles. Si l'opinion de l'élite de la France, manifestée par le vote des grands colléges, est contraire à l'opinion de la masse des électeurs, quelle est celle qui doit prévaloir? Si la sagesse de tous les temps n'avait pas répondu d'avance à cette question, la Charte y répondrait sans équivoque pour ceux qui veulent de bonne foi en faire leur loi fondamentale, et non pas un instrument de faction. Ceux que la Charte a déclarés seuls éligibles; ceux que la Charte a spécialement chargés de faire les lois de concert avec les deux autres branches du pouvoir législatif, sont certainement ceux qu'elle a crus les plus propres à connaître et défendre les vrais intérêts du pays; ceux à l'opinion desquels elle a voulu donner la principale influence dans les affaires publiques. Ainsi, tout gouvernement fidèle à la Charte, s'il croit devoir prendre pour guide l'opinion publique, suivra l'opinion qui prévaut incontestablement dans les grands colléges, l'opinion de la grande majorité des éligibles, l'opinion de l'élite de la nation.

Mais ce n'est pas seulement l'opinion publique du moment sur laquelle on s'appuie; l'on met aussi en avant l'*esprit du siècle*, auquel il faut bien céder.

L'esprit du siècle fournit un argument de la force de celui de l'opinion générale : ces deux argumens conduisent également à ne rien examiner, à faire abstraction de sa propre raison et de son jugement, et à suivre docilement le courant des opinions, sans se fatiguer l'esprit à considérer ce qui est bon ou mauvais pour son pays. Cette marche nous paraît dépourvue de sens : c'est aux législateurs à examiner, discuter, résoudre, sans faire attention à l'opinion du public et aux rumeurs populaires. Il est assez plaisant de remarquer que ceux qui nous recommandent de prendre pour guide l'opinion des peuples, soient ceux-là mêmes qui traitent avec tant de dédain les préjugés, et nous ordonnent de les combattre : comme si les préjugés étaient autre chose que l'opinion des peuples. La vérité est que les opinions de la multitude qui sont défavorables à leur système, ce sont des préjugés qu'il faut dédaigner et heurter; les opinions de la multitude qui lui sont favorables, c'est l'opinion publique, qu'il faut révérer et suivre; qu'ainsi, il faut violenter l'opinion générale de la nation en Espagne et en Portugal, et qu'il faut, en France, s'y soumettre en esclave : distinction aussi subtile que commode. Voyons de près cette question de l'esprit du siècle.

Il faut d'abord ne pas confondre ce qui tient à l'esprit du siècle présent avec les effets de l'esprit de tous les siècles, qui se retrouvent toujours les mêmes dans les mêmes circonstances. Ainsi, l'esprit démocratique est l'esprit de tous les siècles, et est un résultat nécessaire de la composition de toutes les nations, où il y a des supériorités et des infériorités, et où celles-ci ont toujours de beaucoup l'avantage du nombre. Dans l'état ordinaire d'organisation, cet esprit comprimé ne se laisse pas apercevoir au-dehors. Dans l'état de désorganisation, au contraire, quand il y a faiblesse dans l'autorité, cet esprit se produit hautement. Notre histoire en est la preuve. L'amour des libertés publiques, la poursuite de ces libertés, continuée même après qu'on les possède pleinement, l'envahissement, sous ce prétexte, de l'autorité royale, se sont retrouvés toutes les fois que nous avons eu des assemblées sous une autorité faible. L'esprit du quatorzième siècle ressemblait assez à l'esprit du nôtre. L'introduction des députés des communes dans les états-généraux en France, et, quelques années auparavant, dans le parlement d'Angleterre; la révolte des Suisses; la révolte de la Jacquerie en France, qui, si les premiers succès avaient continué, aurait mis le gouvernement de la France entre les mains des paysans, aurait entraîné, par un exemple si séduisant, les paysans des pays voisins, et serait devenu l'esprit du siècle. Les états-généraux de 1356, sous le roi Jean, où le dauphin *ne trouva au lieu d'assistance que des plaintes et de l'aigreur* (dit Mézeray); où l'on choisit cinquante personnes pour entendre ses propositions; où l'on ne voulut rien délibérer en présence de ses commissaires; où l'on demanda qu'il eût à destituer le chancelier, le premier président et six ou sept officiers qui avaient mal administré les finances, moyennant quoi les états lui entretiendraient trente mille hommes, mais payés par leurs mains; les états de 1357, non moins séditieux, ne votant les dépenses nécessaires qu'en faisant la loi à leur souverain, et sous la condition d'administrer directement eux-mêmes l'emploi des deniers votés, ce qui amène cette réflexion de Mézeray, que *les gens commis par les états pour l'administration des finances, firent bientôt connaître qu'ils ne l'avaient pas prise pour en déposséder les méchans, mais pour avoir eux-mêmes leur part au pillage.* Tous ces faits prouvent que l'esprit du quatorzième siècle était peu différent de l'esprit du siècle actuel, et qu'il aurait pu nous mener fort loin, si la sage fermeté de Charles V, au lieu de céder à cet esprit du siècle, n'avait bientôt rétabli l'ordre avec l'autorité. Il en a été de même de nos jours, dès qu'il est survenu une autorité forte. Qu'avions-nous fait de l'esprit du siècle sous le régime impérial? Où donc se cachait-il alors? Les états-généraux, dans les autres siècles, ont presque toujours prouvé que le même esprit existait. Dans les états de 1484, dont les formes furent beaucoup plus respectueuses, il fut question de la souveraineté du peuple; et les états demandèrent d'être convoqués tous les deux ans pour voter l'impôt, établissant comme les états sous Louis-le-Hutin, et comme ceux de 1358, qu'il ne devait se faire aucune levée de deniers que de leur consentement. Ce principe fondamental de notre monarchie est encore proclamé au dix-septième siècle, à toutes les pages de l'histoire de Mézeray. L'on voit que l'esprit démocratique, ou entièrement comprimé sous une autorité absolue, ou réclamant des garanties raisonnables sous un pouvoir juste et ferme, ou séditieux et insolent sous une autorité faible, a toujours existé en France, et que ce n'est pas là qu'il faut voir aujourd'hui l'esprit du siècle.

Mais cet esprit du siècle, qui a réellement existé parmi nous en 1789, dont tous les gens sages ont été détrompés, et par notre propre expérience, et par l'expérience de tous ceux qui, dans les deux mondes, ont eu la folie de nous imiter; cet esprit du siècle démocratique, ou plutôt démagogique, novateur, insensé, supposons qu'il existe encore aujourd'hui.

Eh bien, même dans ce cas, faut-il donc suivre aveuglément l'esprit du siècle et adopter tout ce qu'il propose, bon ou mauvais, utile ou nuisible au pays? ou faut-il suivre son impulsion quand elle est bonne, la combattre quand elle est mauvaise? La réponse, sur laquelle personne n'hésitera, démontre qu'il n'y a rien de plus oiseux que les argumens fondés sur l'esprit du siècle. Vous êtes toujours ramenés à cet examen : telle proposition est-elle bonne ou mauvaise, utile ou nuisible ?

Quel était l'esprit du dixième siècle ? Le génie de Grégoire VII avait répandu dans tous les esprits la doctrine de la suprématie du Saint-Siége sur tous les trônes du monde, même sous le rapport temporel ; son droit de donner ou d'ôter les couronnes. Les rois de France, qui refusèrent de payer un tribut à la puissance romaine, comme le faisaient l'Angleterre et les autres Etats de la chrétienté, eurent-ils tort de ne pas céder à cet esprit du siècle ? eurent-ils tort d'y résister avec succès ? Non, certes, et la raison ne peut reconnaître ni qu'on eût dû laisser envahir l'autorité temporelle par les papes pour flatter l'esprit du dixième siècle, ni qu'on doive laisser envahir l'autorité spirituelle par les rois pour flatter l'esprit du dix-neuvième.

Quand l'esprit des siècles suivans entraînait toute l'Europe aux croisades, lesquels furent les plus sages, des rois qui modérèrent cette impulsion dans les autres, et s'y refusèrent personnellement, ou de ceux qui la précipitèrent, et l'entretinrent par leur exemple, en appauvrissant leurs royaumes, et l'abandonnant aux chances de désordres produites par leur absence?

Il est aisé de connaître l'esprit du treizième siècle, par l'établissement en France des quatre ordres mendians, l'introduction de l'inquisition à Toulouse, et la tentative de l'introduire dans tout le royaume de France; par les croisades contre les Albigeois; la longue lutte de l'Université de Paris contre les frères prêcheurs, qui lui disputaient l'éducation; la fondation de la Sorbonne, la condamnation au feu par un concile de Paris des livres de physique et de métaphysique d'Aristote. Fallait-il obéir à l'esprit de ce siècle, en affermissant dans le royaume l'inquisition déjà introduite, ou contrarier l'esprit du siècle, en repoussant l'inquisition?

L'on voit que, comme nous l'avons dit, il est inutile de s'informer si une proposition est conforme ou contraire à l'esprit du siècle, puisque c'est toujours un devoir, bonne, de l'admettre, mauvaise, de la rejeter, qu'elle soit ou non conforme à cet esprit. La raison nous apprend que si la pente de cette opinion vulgaire, qu'on nomme l'*esprit du siècle*, conduit à un précipice, nous devons, bien loin de suivre cette pente, réunir tous nos efforts pour la remonter ; et que plus l'esprit du siècle a de force pour le mal, plus il faut lui opposer de force pour le combattre. La violence du courant, dont on s'appuie pour excuser une funeste direction, est au contraire un motif de plus pour s'opposer à cette direction, et en prendre une précisément contraire.

L'on doit conclure de ce chapitre, 1° qu'un gouvernement habile doit consulter le bien du pays, et non pas l'opinion publique ; 2° que si, en France, un gouvernement peu habile voulait se mettre docilement à la suite de l'opinion publique, ce serait l'opinion de l'élite de la nation, celle des grands colléges électoraux et des conseils-généraux, qu'il devrait prendre pour maître, et que par conséquent ce ne serait pas aujourd'hui dans l'opinion du centre gauche qu'il devrait chercher sa direction. Mais peut-être l'arithmétique inévitable de M. le baron Dupin nous fait-elle une nécessité d'adopter les opinions nouvelles professées par le centre gauche : c'est ce que nous allons examiner.

CHAPITRE V.

DES FORCES ÉLECTORALES DE LA FRANCE, RÉSULTANT DE LA COMPARAISON ENTRE LES GÉNÉRATIONS NOUVELLES ET LES GÉNÉRATIONS ANCIENNES.

Nous n'aurions pas cru qu'on prît au sérieux les jeux d'esprit d'un savant, et ces calculs, qui sont plus propres à figurer dans les récréations mathématiques que dans les combinaisons politiques. Mais puisqu'on en a voulu tirer des conséquences sérieuses, il faut examiner la solidité de ce système.

M. le baron Charles Dupin, membre de l'Institut et de la Chambre des députés, auteur d'une brochure sur les forces électorales de la France, nous apprend que près d'un quart de la population qui vivait sous l'empire, n'existait plus en 1827 ; que les deux tiers de la population actuelle n'étaient pas nés en 1789; que les hommes qui comptaient alors l'âge de vingt ans, ne forment plus qu'un neuvième de la population totale, et représentent les grands-pères et les grand'mères de nos familles; que la totalité des hommes qui comptaient vingt ans en 1774, ne forment plus que la quarante-neuvième partie de cette population, et représentent les bisaïeuls et les bisaïeules de nos familles; que voilà donc quatre générations en présence; naissante, dans sa force, déclinant, s'éteignant. L'auteur nous apprend plus loin qu'en Europe, depuis 1814, il est venu au monde quatre-vingt millions d'hommes, et qu'il en est mort soixante millions sur deux cent-vingt millions.

Quoique l'auteur établisse que les nombres gouvernent le monde, *mundum regunt numeri,* l'on ne voit pas d'abord ce que nous apprend ici cette science des nombres. Ces profondes réflexions seront justes à quelque époque et à quelque pays qu'on applique les mêmes tables de mortalité. On pouvait dire, en 1700, en 1750, comme aujourd'hui, et en Chine comme en France, qu'il y a à la fois quatre générations qui placent en présence, naissance, force, déclin, extinction.

Ce ne sont donc pas ces remarques, quelqu'exactes qu'elles soient, qui ont porté la brochure de M. le baron Charles Dupin à sa huitième édition en un an. Ici, il n'a rien découvert; mais voici où est la découverte : c'est qu'il y a entre les deux générations qui arrivent et les deux générations qui s'éloignent, une lutte toute morale et politique; que les unes s'avancent dans la vie sociale avec toutes les idées progressives, et que les deux autres les arrêtent, ou du moins voudraient les arrêter.

C'est certainement une idée heureuse, et qui tend à simplifier prodigieusement l'étude des sciences politiques, que de substituer aux causes plus ou moins difficiles à reconnaître qui ont amené des révolutions dans les opinions et les vœux des nations, telles que l'influence du gouvernement, l'influence d'un grand génie, l'influence d'une grande découverte comme l'imprimerie; l'influence d'un changement de religion, l'influence de telle ou telle nation étrangère; de substituer, dis-je, au concours de ces diverses influences et de tant d'autres, l'unique influence de la date de la naissance de la population existante, ou du moins de ceux qui ont part aux affaires publiques; de manière qu'avec un peu d'arithmétique, et l'étude des extraits de baptême et actes de l'état-civil, toute tête passablement forte sur les calculs, pourra prévoir les besoins des peuples, et diriger leurs destinées. S'il en était ainsi, ce serait assurément débarrasser la politique de toutes les études préliminaires qui en interdisent les abords au vulgaire, et les hommes d'Etat cesseraient d'être rares.

Mais comment, dans ce système, expliquerait-on, par exemple, la tendance progressive du gouvernement français vers l'absolutisme, durant les quinzième, seizième et dix-septième siècles, quoique l'esprit humain eût commencé ses progrès (parvenus à leur apogée en cet an de grâce 1828) dès le quinzième siècle, époque de la découverte de l'imprimerie, bientôt suivie du protestantisme, etc. ? Pourtant, de siècle en siècle, et à chaque minute, l'on se trouvait dans la proportion indiquée par l'auteur, entre les générations anciennes et les générations nouvelles ; et tous les pays de l'Europe étaient, comme la France, dans cette même position. A raison de la supériorité des jeunes générations, tout devait donc tendre progressivement, en Europe, vers les idées libérales ; et il y a lieu de s'étonner que le contraire soit précisément arrivé, et que, sur le continent européen, le gouvernement absolu ait partout été en progrès jusqu'au dix-huitième siècle. Que faisaient alors les jeunes et vigoureux champions des idées nouvelles, lesquels formaient toujours la même majorité, contre les champions vieux et trébuchans des idées anciennes?

M. le baron Dupin présente comme attachés aux idées anciennes, les hommes qui sont parvenus à âge d'homme sous l'ancien régime, et comme attachés aux idées libérales, ceux qui ont atteint vingt ans depuis les premiers jours de la révolution.

D'abord, est-il vrai que tous les hommes adoptent les idées sur lesquelles est fondé le gouvernement de leur pays, à l'époque où ils atteignent vingt ans? Il n'y a aucun pays où cela soit toujours vrai: cela l'est encore moins pour un peuple dont le caractère politique est essentiellement frondeur et mécontent; cela est complètement faux pour les Français, aux époques sur lesquelles l'auteur établit ses calculs. Mais avant de le démontrer, remarquons que, même en supposant vraie la base adoptée par M. Dupin, il suffirait, pour renverser toutes ses conclusions, d'observer qu'il compte les années de l'empire parmi celles qui ont dû inspirer les idées libérales à ceux qui ont atteint l'âge d'homme durant cet espace de temps. Si l'esprit du gouvernement est adopté par tout homme qui entre dans le monde; si celui qui est arrivé à vingt ans sous l'ancien régime, est partisan de la monarchie absolue; si celui qui ne les a atteints que dans les premières années de la révolution, est partisan des idées libérales, à coup-sûr celui qui est parvenu à cet âge sous l'empire, est partisan du despotisme militaire; et par conséquent, s'il faut partager la nation en deux, elle tiendra bien plus au système absolu qu'au système libéral. Ainsi, même en adoptant le principe général des calculs, il faudrait les refaire d'après ces nouvelles données, et le résultat serait très-différent.

Mais le principe adopté par M. Dupin n'est pas exact, et même il serait plutôt le contre-pied de la vérité. Personne n'a dû certainement être plus favorable aux idées nouvelles que ceux qui sont entrés dans le monde durant les trente années qui ont précédé la révolution; car elles dominaient seules en France, à cette époque, dans toutes les classes. D'un autre côté, rien assurément de moins favorable aux idées libérales que l'opinion de ceux qui sont entrés dans le monde de 1791 à 1799 : le résultat des innovations n'était pas propre à grossir le nombre des novateurs. Nous appartenons nous-mêmes à cette catégorie, et nous nous souvenons trop bien sous quel hideux aspect se montrèrent à nos premiers regards cette liberté et ces idées nouvelles auxquelles on sacrifiait alors tant de victimes humaines. Entre cette époque et la restauration, ceux qui atteignaient vingt ans avaient une destination trop positive, et étaient trop étourdis du bruit du tambour, pour qu'ils aient pu seulement apprendre s'il y avait des idées anciennes et des idées nouvelles, et ce qu'elles étaient; et nous doutons que le mot *libéral* leur fût connu avant que la restauration fût venue le leur apprendre. Ceux qui ont reçu leurs idées politiques depuis la restauration, ne sont ni pour les idées anciennes ni pour les idées nouvelles, puisque la Constitution qui nous a régis depuis provient de la fusion des unes et des autres. Le petit nombre qui a reçu ses opinions du gouvernement existant (car la plupart les ont reçues de leurs parens), est partagé, comme le plus grand nombre des éligibles et des électeurs, entre les deux opinions qui se meuvent dans le cercle de notre Constitution, mais dont l'une veut y mêler plus de démocratie, parce qu'elle ne voit de danger que dans l'oppression du pouvoir, et dont l'autre veut y renforcer toujours la partie monarchique, parce qu'elle voit les périls dans la turbulence et l'agitation populaires.

Ainsi, ce n'est point d'après la forme du gouvernement qu'il a trouvé établi à son entrée dans le monde, qu'on peut connaître l'opinion de chacun; et quand cette base serait aussi vraie qu'elle est fausse, le résultat serait entièrement contraire à celui que présente la brochure dont il est question. Aussi l'auteur a-t-il été forcé d'appuyer une théorie imaginaire sur des faits non moins imaginaires. Comme une preuve du changement des opinions à mesure que les jeunes générations entrent dans tous les corps, il cite les colléges électoraux, la Chambre des pairs, le barreau, l'Académie française, le conseil d'Etat, tout enfin. Nous ferons voir tout à l'heure que s'il y a des distinctions marquées dans *les colléges électoraux,* entre ce qu'on nomme les *idées anciennes* et les *idées nouvelles,* c'est ailleurs que dans l'âge qu'il faut chercher la ligne de démarcation. Quant à la *Chambre des pairs,* le contraire de ce que suppose l'auteur est évident : qu'on passe en revue tous les changemens qui depuis quelques années ont amené les fils à la place des pères, et l'on se convaincra que les fils appartiennent à la même réunion, et votent dans le même sens que leurs pères. S'il y a l'exemple de quelque nouveau pair dans des doctrines contraires à celles que son père a professées dans la même Chambre, assurément c'est l'exception, et non pas la règle. Le changement d'opinion signalé dans *le barreau*, n'est pas plus remarquable dans les jeunes que dans les vieux avocats, et prouve seulement l'influence de cette opinion du jour, qui entraîne les pères comme les fils, tour à tour dans des sens contraires. Pour l'*Académie française*, il faudrait, pour adopter le système, qu'il fût prouvé que c'est à cause de sa jeunesse que M. Royer-Collard y a apporté les idées nouvelles, et que ce serait à cause de sa vieillesse que M. de la Mennais y apporterait les idées les plus anciennes. Un seul coup-d'œil jeté sur les hommes de l'Académie, ainsi que du *conseil d'Etat*, par ceux qui les connaissent un peu, prouvera que l'âge n'entre absolument pour rien dans le partage des opinions.

Concluons qu'il est impossible d'établir une règle générale des opinions politiques suivant les divers âges. Les deux partis se recrutent dans toutes les générations; et il est d'autant plus difficile d'en faire le dénombrement exact suivant aucune règle quelconque, que l'on voit changer continuellement leurs proportions respectives, en raison de la diversité des intérêts, de la mobilité des esprits et des circonstances politiques.

M. le baron Charles Dupin avait établi son système en 1827. Dans son édition de 1828, il en a fait l'application et il en a cherché les preuves (dont il avait bien besoin) dans les élections qui venaient d'avoir lieu. Telle est la destination d'un supplément ajouté à la huitième édition de la brochure. Voyons si nous y trouverons des faits plus concluans que les raisonnemens.

Remarquons d'abord que le libéralisme de l'auteur sort tout radieux, en 1828, du nuage amphigourique qui le voilait, et du prudent galimatias derrière lequel il se cachait en 1827. Qui pourra deviner d'où provient cette différence? La politesse nous aurait interdit ces mots d'*amphigouris* et de *galimatias*, si nous ne pensions que l'auteur a cherché à dessein ce genre de beauté, pour mieux envelopper sa pensée, et que son amour-propre doit être flatté d'avoir si complètement réussi à le trouver.

M. Dupin disait donc en 1827 : « J'écarte « d'ici tout esprit de parti ; je repousse de « mon travail toutes les distinctions odieuses « d'*ultras* et de *libéraux*, de *privilégiés* et de « *sacrifiés*. Au lieu de distinguer des castes et « des factions, je veux ne distinguer que des « âges : je considère la nation française par « générations. . . . . . .

« On me demandera sans doute ce que j'en« tends par *idées de la génération nouvelle*, « distinctes des idées de l'ancienne génération « relativement au sujet qui m'occupe ? . . . ,
« . . . . Ce qui caractérise les idées « de la génération nouvelle, c'est le respect « pour les droits et la sympathie pour les be« soins de nos forces productives et commer« ciales. Ce qui caractérise les idées de l'an« cienne génération, c'est de concevoir peu « d'estime et peu d'affection pour une im« mense partie de ces forces, point de respect « pour le droit, et beaucoup d'aversion pour « le libre exercice de ces mêmes forces.

« Des hommes profondément hypocrites « veulent nous persuader que la lutte entre « les deux générations a pour objet l'existence « ou la destruction du culte chrétien, de la « monarchie, de la dynastie, et même du

« ministère. Les destinées des forces produc- « tives et commerciales de la France, la li- « berté du travail et des pensées qui le diri- « gent, voilà, voilà le sujet de la lutte achar- « née dont les combats apparens ou secrets se « livrent sur tous les points de notre terri- « toire, dans les campagnes, les hameaux, les « bourgs et les cités, sur nos places, nos rou- « tes, nos rivières, nos canaux et nos ports, « au sein des foyers domestiques, au pied des « tribunaux, dans la Chambre des députés, « dans la Chambre des pairs, au sein même « de la cour. »

En vérité, nous ne concevons guère ce *sujet de cette lutte acharnée* étendue partout en France. Nous conviendrons bien que si *la génération nouvelle* se distingue par *le respect pour les droits et la sympathie pour les besoins de nos forces productives et commerciales*, d'autres peuvent être moins sensibles à cette sympathie pour les besoins de nos forces; mais il n'y a pas là de quoi se faire une guerre à mort, même quand, avec l'ancienne génération, l'on concevrait *peu d'estime et peu d'affection pour une immense partie de ces forces, point de respect pour le droit, et beaucoup d'aversion pour le libre exercice de ces mêmes forces.* Voilà du moins des reproches, mérités ou non, que la génération ancienne peut supporter, qui ne touchent point à son honneur ni à sa fidélité au roi et à la Charte. Qu'entend-on par concevoir peu d'estime et peu d'affection pour une immense partie de nos forces productives et commerciales ? On a de l'estime pour ces forces, ou plutôt pour ceux qui en usent, comme pour toutes les personnes qui cherchent, en procurant quelque bien-être au public, à gagner honnêtement leur vie ou à faire leur fortune. Tout honnête homme, quel que soit son métier, est estimable ; mais cette estime qu'on accorde à ceux qui cherchent, par de bons moyens, à gagner de l'argent, n'est pas la même que celle qu'inspirent les grandes distinctions sociales, les nobles qualités de l'âme, les talens distingués de l'esprit : c'est peut-être sous ce rapport qu'on nous accuse d'avoir peu d'estime pour ces forces, et même, dit-on, peu d'affection. Peut-être en effet chacun de nous, en consultant son cœur, trouvera-t-il que ces forces ne l'ont pas ému profondément ; ce qui n'empêche pas d'affectionner les individus qu'on connaît, parmi ceux qui les emploient. Enfin, en 1827, c'était une erreur de croire qu'il y eût d'autre lutte en France entre les deux générations, que *la lutte acharnée qui existe (dans les villes et les villages comme à la cour) au sujet des destinées des forces productives et commerciales de la France, de la liberté du travail et des pensées qui le dirigent.*

C'est bien autre chose en 1828. L'auteur, qui repoussait bien loin en 1827, comme *une erreur* répandue *par des hommes profondément hypocrites,* l'idée que la lutte entre les deux générations eût pour objet l'existence ou la destruction de la monarchie, ou *même du ministère,* ce même auteur sépare, en 1828, ces deux générations en *absolutistes ministérielles* et *royalistes constitutionnelles.* Il reconnaît donc aujourd'hui ce qu'il niait l'année dernière, que l'existence du ministère était pour quelque chose dans la lutte. Il fallait l'avouer dans la première comme dans la huitième édition, ou le nier dans l'une et l'autre. Du reste, l'emploi de ces expressions de passion et de parti, tient à cette disposition trop fréquente de la pauvre nature humaine, de dire ce qui est utile à soi plutôt que ce qui est bon et honnête, de toujours peindre en beau soi et les siens, et en noir le plus foncé possible, ceux qui ne sont pas de notre avis. Ainsi, que doit-on être en France? dévoué au roi et à la Charte, royaliste et constitutionnel : c'est ce qu'ont juré les pairs, les députés, les électeurs. Eh bien! dit l'auteur, moi je suis ce qu'il y a de mieux; je m'intitulerai *royaliste constitutionnel*, moi et tous ceux qui sont de mon avis, et surtout les électeurs qui m'ont nommé député. Mais un électeur absolutiste est un homme qui mérite le reproche de manquer au serment qu'il vient de faire, est un ennemi de la Charte; je donnerai ce nom d'*absolutiste* à ceux qui ne sont pas de mon avis, et, de plus, je les intitulerai *ministériels*, parce que c'est ce qu'il y a de plus odieux au monde, surtout lorsqu'il s'agit d'un ministère renversé. Ces façons de faire, si communes chez les hommes ordinaires, devraient être rares chez les savans; mais ne chicanons point M. le baron Dupin sur ces petites satisfactions qu'il se donne, et que pourront se donner tout aussi facilement tous ceux de l'un ou de l'autre parti qui ne les dédaignent pas; laissons les mots et la forme, et traitons la question au fond.

L'auteur, ne faisant entrer dans ses calculs que les colléges d'arrondissement seuls, compte cinquante-un départemens *à nominations royalistes constitutionnelles* (c'est-à-dire *où la majorité des députés nommés est libérale*); vingt-trois départemens *à nominations absolutistes ministérielles* (c'est-à-dire *où la majorité des députés nommés est royaliste*); onze neutres, où le nombre des uns et des autres est égal.

Observons d'abord que l'auteur n'a point donné la liste des départemens qu'il a placés dans chacune des catégories; par conséquent, l'on ne peut admettre avec une entière confiance un travail dont on n'a point les élémens. Et il est certain qu'il y aurait lieu de contester sur les bases; car il n'est pas un député que l'auteur n'ait placé dans une opinion ou dans l'autre, et pourtant il en est un certain nombre sur lesquels on est resté incertain, même après la session. Si l'auteur, qui n'est pas avare de tableaux, nous avait donné celui des départemens qu'il a classés, nous sommes persuadés qu'on pourrait contester quelques-uns de ses classemens.

Mais quand ces calculs seraient justes, ils n'en seraient pas moins insignifians, et ne pourraient donner une notion exacte sur celle des deux opinions qui a triomphé dans les colléges électoraux. Ce n'est point, en effet, comme dans les élections précédentes, entre l'opinion royaliste et l'opinion libérale, ou, pour parler comme M. Dupin, entre les idées anciennes et les idées nouvelles, que les électeurs se sont partagés : la ligne de démarcation s'est formée sur les hommes, et non sur les choses, entre les ministériels et les indifférens d'un côté, et les violens ennemis du ministère de l'autre. Il est donc évident qu'il s'agissait ici, non pas d'idées anciennes ou nouvelles, mais d'idées personnelles; qu'une partie des royalistes s'étant unie aux libéraux cette fois, l'opinion des départemens ne peut être établie par l'opinion des députés élus; que tous les calculs fondés sur cette séparation chimérique des opinions, tombent d'eux-mêmes, et que l'on doit regretter fort qu'un savant qui peut mieux employer son temps à l'avantage de son pays, comme il l'a prouvé, qu'un membre de l'Académie des sciences, un ancien élève de l'Ecole polytechnique, ait employé les forces progressives de son esprit à repasser si inutilement son arithmétique.

Il est une remarque plus importante à faire sur ces calculs et leur prétendu résultat; c'est que tout ce que M. le baron Dupin a supposé serait exactement vrai, que ses calculs et ses résultats n'en seraient pas moins un compte infidèle, et fait pour tromper la France. Il a partagé les départemens d'après l'opinion des députés élus *dans les colléges d'arrondissement seulement*, et il n'a pas même rappelé que les élections des colléges de département offraient un résultat précisément contraire. Il fallait donc faire entrer ces divers résultats dans la balance, et discuter la véritable question; celle de savoir où le gouvernement doit chercher cette opinion de la France, qu'on veut lui donner pour guide; si l'intention de la Charte est qu'il reçoive cette direction de la masse totale des électeurs, en comptant toutes les voix, et donnant autant de poids à celle de l'homme qui paie une patente de cent écus, qu'à celle du plus grand propriétaire de France, ou s'il doit demander cette direction à ceux que la Charte a seuls reconnus capables de concourir à la législation, c'est-à-dire aux éligibles. Comme la réponse ne peut être douteuse aux yeux de tout constitutionnel de bonne foi, il ne tiendrait qu'à nous d'imiter M. Dupin, de faire d'aussi savans calculs sur le résultat des élections des colléges de département; de mettre d'un côté les trois quarts des départemens comme ayant fait des élections *royalistes-constitutionnelles*, ce sont celles de notre opinion ; de montrer l'autre quart comme ayant obtenu des élections *républicaines-démagogues*, ce sont nos adversaires, et il est bon de ne pas leur épargner les épithètes ; de faire ensuite, d'après ces bases, *dix-huit* tableaux (ni plus ni moins), sur la comparaison entre les deux catégories des contributions, des revenus, des médailles décernées, sur la proportion des électeurs et des votans, tant par vote politique que par génération ; d'y ajouter un tableau général des forces attachées aux opinions électorales de 1827 ; de nous placer, enfin, avec plus de fondement, en opposition complète avec les résultats présentés par l'auteur, et qui sont contraires à la vérité sur tous les points : consentant cependant à nous accorder avec lui sur un seul, que nous sommes loin de mettre en doute, sur les *supériorités intellectuelles*, que M. le baron Dupin reconnaît, et que nous reconnaissons avec lui dans le parti auquel il appartient.

CHAPITRE VI.

DE L'IMPOSSIBILITÉ DE GOUVERNER LA FRANCE AVEC LES DOCTRINES DÉMOCRATIQUES, DITES LIBÉRALES.

Nous avons réfuté, dans les chapitres précédens, les motifs sur lesquels on fondait la nécessité de l'alliance avec les idées libérales modérées, qu'on nomme l'*opinion du centre gauche*; nous allons présenter les motifs sur lesquels se fonde l'impossibilité de l'alliance de cette opinion avec le centre droit et avec le ministère. Les idées libérales n'étant autre chose que les idées démocratiques, il nous paraît tout à fait impossible qu'elles puissent s'allier, soit avec les idées monarchiques de la droite, parce que ce serait prétendre allier le feu et l'eau, soit avec le ministère, parce que nous défions toute autorité quelconque de gouverner la France avec des théories démocratiques. Nous ferons précéder la discussion particulière de cette dernière assertion, par quelques considérations.

La démocratie coule à pleins bords, a-t-on

dit, et l'on en conclut qu'il faut lui donner satisfaction. Mais, qu'entend-on par cette phrase? Si l'on veut dire que les élémens démocratiques l'emportent de beaucoup par le nombre et par la force physique, l'on ne dit rien de neuf ni de particulier à la France. Il est certain partout que la masse du peuple a ces avantages incontestables sur les classes supérieures, et cela était vrai quand on prononçait cette phrase, mais ni plus ni moins vrai qu'avant ou après cette époque. Mais si, prenant le mot de *démocratie* dans sa véritable acception, *puissance du peuple, part du peuple dans le gouvernement du pays*, l'on a voulu, par cette phrase, faire sentir la force excessive de ce pouvoir populaire tel qu'il est constitué par les lois faites depuis la restauration, l'on ne peut tirer d'autre conclusion, si ce n'est que c'est la faute des lois qu'on avait faites, et que, bien loin de donner satisfaction à cette puissance déjà trop grande, il fallait au contraire la circonscrire par d'autres lois plus appropriées à l'état du pays, et par des digues qui l'empêcheraient de déborder. Et en effet, c'est à la suite de l'imprudente loi d'élection du 5 février 1817, que la démocratie a coulé à pleins bords;

c'est alors que, détournée de son lit naturel, elle débordait déjà, et allait inonder le pays, sans le changement qui fut fait à cette loi, après une lutte violente, et qui, quoiqu'incomplet, suffit, à cette époque, pour arrêter le torrent. Ainsi, appuyer sur la force reconnue de la démocratie la nécessité d'une tendance plus démocratique, c'est donner au peuple plus de pouvoir légal, parce qu'il en a déjà trop, c'est suivre l'impulsion matérielle, qui entraînant les passagers du côté où la barque penche, la fait chavirer à l'instant, au lieu de suivre la raison, qui enseigne de se porter du côté opposé, pour rétablir l'équilibre.

Mais, dit-on, pourquoi s'effrayer du succès de la démocratie? L'on veut toujours voir la révolution imminente : la révolution ne viendra pas, parce qu'elle est arrivée; on a ce qu'on veut, on a obtenu ce qu'on demandait; on a acquis les libertés qu'on désirait : que ferait-on d'une révolution? personne n'en veut, personne n'y songe.

Nous pourrions dire d'abord : depuis douze ans, l'on avait ce qu'on demandait, la Charte assurait tous les droits, chacun jouissait de la plus complète liberté. S'ensuit-il qu'on n'ait rien demandé ni désiré, parce qu'on n'avait rien de raisonnable à demander ni à désirer? s'ensuit-il (sans même parler des évènemens de 1815) que le triomphe de la démocratie en 1819, sous un ministère guidé par les principes du centre gauche, n'ait pas compromis le trône, déjà livré aux conspirations civiles et militaires? Mais nous n'insisterons pas sur cet argument.

Nous accordons que l'on est content, que l'on possède tout ce qu'on désire, que personne ne veut recommencer la révolution, que personne n'y songe. En doit-on conclure qu'il faut être dupe pour craindre aujourd'hui une révolution? Nous ne le pensons pas, et l'expérience a montré qu'il serait insensé de se rassurer sur de pareils motifs. Qui est-ce qui voulait la révolution en 1789? Nous mettons en fait que, sur les douze cents membres de l'Assemblée constituante, il n'y en avait pas, au moment où elle s'est réunie, cinquante, peut-être pas vingt-cinq, qui voulussent renverser le trône, et établir une république. Ce qu'on voulait alors, ce n'était pas une révolution contre la monarchie, c'était une réforme de la monarchie qui donnât aux libertés publiques (rarement attaquées, mais qui pouvaient l'être) une garantie solide et durable, et qui détruisît des priviléges pécuniaires qui avaient cessé d'être justes. Tous les cahiers contenant les mandats des électeurs font foi que la France ne voulait rien de plus. Aussi, aurait-on pu dire, le 1er juillet 1789, tout ce qu'on nous dit aujourd'hui.

L'égale répartition des impôts avait été, dès 1787, demandée par l'assemblée des notables, et adoptée en principe par le roi.

Le 20 décembre 1788, un arrêté des ducs et pairs de France présenté au roi, avait apporté à Sa Majesté *le vœu solennel de supporter tous les impôts et charges publiques dans la juste proportion de leur fortune, sans exemption pécuniaire quelconque.*

Le 23 mai 1789, deux députations du clergé et de la noblesse s'étaient rendues séparément à l'Assemblée du tiers, et y avaient fait connaître la résolution de l'un et de l'autre ordre, de renoncer à tous leurs priviléges, et de supporter avec égalité les contributions et les charges générales.

Le 23 juin suivant, le roi, dans une séance royale, avait fait lire une déclaration où sont énumérés tous les avantages qu'il accordait à ses peuples. Cette déclaration contient, en trente-cinq articles, tous les bienfaits octroyés par la Charte de Louis XVIII, et dont la France aurait joui vingt-cinq ans plus tôt, sans la révolution.

Tout le monde était donc d'accord alors sur les réformes désirées : le roi, les trois ordres, toute la France, dont les cahiers venaient d'exprimer les vœux auxquels on satisfaisait. Telle était la situation des choses au 1er juillet 1789; et c'était bien le cas de dire alors, comme aujourd'hui, à ceux qui avaient peur d'une révolution : Eh! pourquoi ferait-on une révolution? On ne la fera pas, parce qu'elle est faite. On a tout ce qu'on voulait; tout ce qu'on demandait a été obtenu. Qui est-ce qui voudrait une révolution? Qui est-ce qui peut y songer? Peu de personnes, en effet, la voulaient; mais quinze jours après, nous étions en pleine révolution.

Le raisonnement que l'on combat ici est fondé sur une confusion de mots et d'idées, trop utile au parti libéral pour qu'il n'ait pas mis tous ses soins à l'accréditer. L'on veut toujours confondre la réforme nécessaire, généralement désirée en France, arrêtée d'un commun accord entre le roi et les trois ordres, et dont les bases étaient convenues avant le 1er juillet 1789, avec la révolution, qui fut enfantée par les émeutes populaires, et que personne (ou peu s'en faut) ne voulait en France. C'est de cette confusion de deux choses très-distinctes, et même opposées (puisque l'une a empêché l'autre, et que c'est la révolution qui nous a empêchés de jouir de la réforme qui établissait dès 1789 la monarchie représentative, dont nous n'avons pu jouir qu'en 1814); c'est de cette confusion, dis-je, que sont nées tant de fausses opinions, tant de doctrines erronées sur la révolution. Si la vérité eût été bien établie, un honnête homme eût-il jamais osé faire l'éloge de la révolution, en croyant que nous lui devions des bienfaits, achetés, il est vrai, bien cher par tant d'horreurs, mais que nous n'aurions pas obtenus sans ces horreurs? Aurait-on dit que ces crimes affreux avaient été causés et nécessités par la résistance de ceux qui s'opposaient aux bienfaits d'une réforme généralement souhaitée? Il est évident, au contraire, que la réforme salutaire était acquise au 1er juillet 1789, que personne ne s'y opposait, puisque le Roi, la noblesse, le clergé, les parlemens l'avaient eux-mêmes réclamée, et avaient volontairement offert les sacrifices et les garanties qu'on désirait; que les bienfaits dont on jouit aujourd'hui étaient acquis sans la révolution, sans les horreurs qu'on déteste, et ont au contraire été suspendus pendant vingt-cinq ans par le fait de la révolution; que la résistance qu'on prétend avoir justifié ces crimes et ces excès, était au contraire la résistance à ces crimes et à ces excès, au pillage, au meurtre, au vol, à l'incendie des châteaux, à l'emprisonnement du roi et de son auguste et malheureuse famille, dans le château des Tuileries, au 6 octobre 1789, etc., etc.; et non pas la résistance à l'égalité des charges et aux libertés publiques, aux bienfaits et aux garanties consentis, demandés même par la noblesse et le clergé. Ainsi, la réforme faite de 1787 au 1er juillet 1789, nous donnait la monarchie légitime et représentative; la révolution faite et continuée de 1789 à 1814, c'est le renversement de la monarchie légitime et des libertés publiques. Quoi de commun entre ces deux choses? et ne pourrions-nous pas employer avec bien plus de vérité le raisonnement de nos adversaires: comment voulez-vous que nous cherchions la contre-révolution, puisque nous la possédons depuis 1814, puisque nous avons tout ce que nous voulions, puisqu'elle est faite depuis quatorze ans, et que, passant alors du désordre et de l'usurpation, qui étaient la révolution, à l'ordre et à la légitimité, qui sont le contraire de la révolution, nous nous sommes trouvés replacés précisément au point où nous étions le 1er juillet 1789, avant que la révolution nous jetât hors de cette route?

Comment se fait-il que de cette réforme sur laquelle toute la France était d'accord durant la première moitié de 1789, nous en soyons venus en trois ans à la révolution, à laquelle personne ne songeait alors, c'est-à-dire à la destruction entière du trône légitime, de la religion, du clergé et de la noblesse? Voici les causes qui ont amené ce renversement si rapide, ou plutôt voici les moyens : car on pourrait dire qu'il y avait, soit au-dedans, soit au-dehors du royaume, des causes premières qui mettaient en mouvement tous les élémens de trouble. Il nous suffit de parler des moyens qui ont renversé; toutes les fois que les moyens existeront, il ne manquera jamais de causes premières pour les faire mouvoir et en profiter.

Ces moyens si puissans, et d'un effet si prompt, furent : 1° une assemblée composée d'élémens démocratiques, et par suite des lois démocratiques ; 2° les émeutes populaires ; 3° l'influence des tribunes ; 4.° les clubs ; 5° la licence des journaux. Voilà tout : ces causes suffisent, et il ne faut pas, pour faire une révolution, la réunion de toutes. Voyons à présent si notre situation actuelle justifie ces craintes d'une révolution, lesquelles sont générales en France. Ces craintes ne pourraient être fondées que sur l'existence des mêmes moyens de destruction, ou sur le succès probable d'un parti qui voudrait recréer ces moyens, s'ils n'existent plus. Comme c'est l'opinion qu'on nomme du *centre gauche* qui a fait d'assez grands progrès vers la direction des affaires, et comme on provoque de plusieurs côtés une alliance du gouvernement avec elle, examinons si les doctrines de ce parti seraient favorables au retour ou au maintien des moyens de destruction dont nous avons parlé.

1° *Une Chambre et des lois démocratiques.* Les efforts faits en 1819 et en 1820 par le parti libéral, même par ses membres les plus modérés, pour le maintien de la loi du 5 février 1817 ; leurs déclamations contre le double vote ; leurs propositions et leurs doctrines toutes démocratiques ; le choix de leurs députés partout où ils sont en majorité, tout justifie les craintes que l'on peut avoir sur ce premier article, si l'alliance du ministère leur donnait la majorité dans la Chambre actuelle.

2° *Les émeutes populaires.* Cette seconde cause de révolution est la suite et l'effet de la première. Les élémens d'émeutes populaires existent toujours dans les grandes villes. La crainte, le désespoir du succès, la force réelle entre les mains de l'autorité, ou seulement l'idée que cette force existe, contiennent ces masses. Si l'autorité est affaiblie, ou si on la croit faible, le moindre incident servira de prétexte aux émeutes, et il suffira d'une impulsion malveillante. Or, quelle autorité n'est affaiblie et désarmée par une Chambre et des lois démocratiques? Qui peut nier qu'on n'ait tout tenté pour affaiblir l'autorité civile comme l'autorité militaire? Et si la répression venait une fois à manquer, nous avons des preuves récentes que les émeutes ne manqueraient pas, et qu'on n'a pas renoncé à ce moyen de révolution. Nous en avons été les témoins lors du changement d'une loi d'élections, et dans plusieurs occasions où il s'agissait de faire éclater sa tristesse ou sa joie; car, pourvu qu'il y ait désobéissance ou résistance à l'autorité, il importe peu au pouvoir occulte que la sédition soit éclairée par de joyeux lampions, ou par des torches funéraires. Ce n'est pas à l'opinion modérée du centre gauche que nous attribuons l'emploi de ces moyens ; mais elle assure leur succès, en affaiblissant l'autorité qui les aurait réprimés.

3° *L'influence des tribunes.* Ce danger n'existe pas aujourd'hui : mais l'on peut remarquer que les journaux ont réclamé fortement l'agrandissement des tribunes publiques, dans la nouvelle salle qu'on va construire ; et que même le rétablissement de celles qui ont été supprimées dans la salle actuelle, a été, cette année, proposée à la Chambre, qui l'a sagement rejeté. La pensée n'en a pas moins été manifestée par le parti, et ne tarderait pas à être réalisée, s'il était le maître. L'on remarquera, en outre, que les journaux parlent d'applaudissemens à tel ou tel discours : nous espérons que c'est une façon d'exprimer des marques d'adhésion, et qu'il ne s'agit pas d'applaudissemens réels, qui, une fois admis dans la Chambre, passeraient bientôt dans les tribunes. Il en serait, bientôt après, de même des murmures, et c'en serait fait de l'indépendance de la Chambre.

4° *Les clubs.* Il n'en existe pas, quant à présent; et cependant ce danger n'est pas si loin qu'on pense. Est-ce par hasard que les électeurs, qui pouvaient s'assembler à leur aise pour des scrutins préparatoires, et même pour des discussions sur le mérite des candidats, sans qu'on y prît garde, l'ont fait cette année avec une solennité propre à appeler sur leur séance les regards publics? qu'ils ont établi un président, des secrétaires, une tribune, un règlement? et que, pouvant même déployer tout cet appareil dans leur intérieur, sans attirer l'attention, ils ont fait rendre dans les journaux un compte public et régulier de la séance, avec l'invitation à tous les départemens à élections d'imiter ce pompeux exemple? Il est vrai qu'au premier avertissement de l'autorité, ils ont renoncé à leur club; mais en y renonçant, ils ont déclaré que ce n'était que par complaisance pour les scrupules excessifs du gouvernement, et par un effet de la facilité de leur caractère; mais ils ont soutenu le droit légal de tenir de pareilles assemblées; mais ce droit a été également soutenu, dans la Chambre des députés, par les libéraux des deux nuances; mais un avocat distingué a établi dans un journal que non seulement cette réunion d'électeurs était légale, mais qu'aucun article de loi n'en défendait de semblables entre tous les citoyens, qu'ils fussent ou non électeurs; et que la prohibition du Code pénal ne s'applique qu'aux réunions convoquées périodiquement à jour fixe. D'où il est aisé de conclure que légalement, et sans que l'autorité ait le droit de l'empêcher, on peut réunir de nombreuses assemblées de citoyens pour délibérer en forme réglée sur telle loi ou sur toute autre question politique, et faire insérer dans les journaux les procès-verbaux des séances, pourvu qu'il n'y ait point de jour périodiquement fixé d'avance. Ce ne serait pas là un club, assurément; et ce serait un grand avantage pour le pays, que d'étaler à ses yeux cet heureux progrès des mœurs et de la gravité constitutionnelles. Cette doctrine est hautement celle d'un journal qu'il faut regarder comme modéré en lisant les autres, qui reconnaît les mêmes droits, et qui révèle plus naïvement le prochain espoir d'en jouir. Voici ses propres paroles : « Il sera raisonnable, *il sera même* « *habile*, et cela dans l'intérêt de la liberté, « d'user *modérément* des droits les moins con- « testables, jusqu'au jour où ils seront recon-

« nus, avoués, soufferts de tous. » D'où il suit que, quand les libéraux auront encore fait quelques progrès, ils n'auront rien de mieux à faire que d'user *immodérément* du droit légal des clubs, parce qu'une raison *habilement* calculée n'exigera plus qu'ils en usent modérément.

Il est difficile de ne pas conclure de ces observations, que le but de la grande scène jouée dans la guinguette des Champs-Elysées, avec tant de dignité, a été de préparer le terrain, et (pour nous servir de l'expression autrefois usitée dans les régimens à l'égard des nouveaux venus) de *tâter* l'administration nouvelle, de discuter et d'établir le droit et la légalité, pour en tirer parti en temps et lieu; que, par conséquent, ceux qui se souviennent des funestes effets des anciens clubs, lesquels ont tous débuté avec la plus *habile modération,* ont quelque motif de n'être pas entièrement rassurés sur ce moyen de révolution, s'il arrivait que les doctrines libérales vinssent à triompher.

5° *La licence des journaux.* Quant à cette dernière cause de révolution, l'on ne peut pas se plaindre qu'il nous manque rien.

L'on voit donc que les frayeurs, généralement répandues, de la révolution, ne sont pas si ridicules, puisque des cinq causes qui l'ont amenée et l'amèneraient en tout temps en France, les unes existent déjà, et que, quantaux autres, nous en possédons le germe, qu'on se propose de développer, ce qui arriverait infailliblement si l'opinion libérale parvenait au pouvoir.

L'on dit souvent que l'on ne voit pas deux fois la même révolution : cela est faux. Tous les peuples qui ont été rayés de la carte comme puissance, n'ont pas péri à la première secousse. Mais les mêmes causes continuant ont produit les mêmes effets. Les divisions des Polonais les ont livrés à un premier partage : vingt ans plus tard ils ont été achevés de la même manière. Le triomphe de la démocratie livrant Rome aux généraux de ses armées, cette république a subi le joug de Marius et de Sylla. Trente ans plus tard les honnêtes républicains disaient aux gens alarmés qu'on ne voyait pas deux fois la même révolution. La même cause livra pourtant Rome à Pompée et César. Par le même argument, on ne devait pas revoir les proscriptions de Sylla : celles d'Octave et d'Antoine furent plus terribles.

L'on dit encore que personne n'a l'intention de faire une révolution. Eh! sans doute; et ceux qui l'ont faite la première fois ne l'avaient pas davantage; et certes, le but d'aucun d'entre eux n'était d'amener ce qui est arrivé; car il est évident que M. Desprémesnils ne se doutait pas qu'il travaillait pour M. de Lafayette, ni M. de Lafayette pour Péthion, ni Péthion pour Robespierre, ni Robespierre pour Barras, ni Barras pour Buonaparte, ni celui-ci pour les Bourbons. Il est bien rare qu'on ait eu l'intention de faire une révolution comme elle arrive : les uns en cherchaient une autre; les autres n'en cherchaient point du tout : mais on affaiblit l'autorité par tel ou tel motif; les élémens de désordre, qui sont toujours là, cessant d'être comprimés, se développent peu à peu, et font explosion. Il y a convulsions, anarchie, et c'est ce qu'on nomme une révolution. Comment se fait-elle? au profit de qui? qui est-ce qui surnage? Personne n'en sait rien d'avance, pas même les plus ardens à la faire.

Ainsi, chercher si quelqu'un veut renverser le gouvernement, c'est une question tout à fait oiseuse. Nous voulons croire que le parti libéral, plus ou moins modéré, n'a pas aujourd'hui cette intention. S'ils tentent d'affaiblir l'autorité par tous les moyens, en lui enlevant ce qui la soutient moralement et physiquement, d'un côté le respect, de l'autre la force; s'ils ont encouragé les émeutes populaires en plaçant toujours la raison du côté de la désobéissance et de la révolte, le tort du côté de l'autorité qui réprime, en accusant, par l'indigne emploi du mot de *massacres*, le juste et ferme usage de la force publique contre une sédition ouverte, contre une résistance dont la préméditation était prouvée par la formation des barricades; s'ils n'ont vu dans l'état actuel de la presse que la nécessité de délivrer les journaux et les imprimeurs de l'oppression qui les accablait, et d'abattre les faibles et impuissantes barrières que leur opposait la législation existante; s'ils ont réclamé l'agrandissement des tribunes et le droit des délibérations politiques hors des Chambres; nous croyons sincèrement que, pour la plupart, c'est sans mauvaise intention, par irréflexion, ou ignorance, ou amour de la popularité, et enfin par tels et tels motifs fort indifférens. Qu'importe, en effet, leur intention? Si l'effet certain de ces tentatives démocratiques, en cas de succès, était le désordre, le bouleversement, le renversement du trône et de la Charte, ou, dans la plus belle chance, une guerre civile, seul moyen de salut, ce serait alors une belle consolation pour la France que leur intention.

L'on ne veut voir la révolution possible que faite d'une certaine manière, et l'on s'évertue à nous rassurer sur la possibilité de tel ou tel fait. L'on croit, par exemple, nous délivrer de l'inquiétude de l'incendie des châteaux en nous disant, non pas qu'il n'y a point d'incendiaires, non pas qu'on a tous les moyens de les contenir, mais simplement qu'il n'y a plus de châteaux; comme s'il ne restait rien à brûler en France. Ce n'est pas une œuvre si difficile qu'une révolution. Que l'autorité soit sans force, qu'on en ait une fois la preuve, la révolution est faite. Celle qui nous a tant fait haïr le mot et la chose, était faite en vingt-quatre heures; au 14 juillet elle était entière. Le reste n'était plus que le développement. Il n'est donc pas nécessaire pour une révolution qu'il y ait des gens qui la veuillent, ni qu'on cherche à substituer telle ou telle forme de gouvernement à celui qui existe : il suffit que l'autorité soit affaiblie, et qu'on s'en aperçoive; il y a bientôt émeute; il y a renversement, il y a révolution. Laquelle? Nous n'en savons rien, et ceux qui la font n'en savent pas davantage. Au profit de qui? Dieu seul pourrait le dire. Elle naît des circonstances : dans l'anarchie, rien n'est assuré pour personne, comme rien n'est impossible pour aucun; et nous avons eu la preuve que le pouvoir peut passer dans les plus viles mains comme dans les plus fortes. Il suffit donc, pour amener une révolution, d'une émeute soufferte, ou seulement même d'une molle répression. Il y eut, au mois d'août 1788, des mouvemens populaires dans Paris, à l'occasion de la sortie du ministère du cardinal de Brienne. Ils furent faiblement réprimés. Le parlement instrumenta autant contre la force armée et contre la police que contre les coupables : de là peut-être toute la révolution.

Il n'est donc point si insensé qu'on fait semblant de le croire, de craindre une révolution, lorsque tout paraît céder à l'impulsion démocratique, arrêtée avec tant de difficulté en 1820, et qui tend à nous entraîner aujourd'hui plus rapidement encore vers la chute : car la chute du pouvoir existant suivra toujours de très-près, en France, le triomphe des idées démocratiques.

Nous disons plus particulièrement *en France*, parce qu'il n'est aucun peuple pour qui la démocratie puisse avoir des effets aussi funestes et aussi rapides. En cherchant les motifs de cette opinion, nous espérons démontrer aux hommes de bonne foi l'assertion exprimée au commencement de ce chapitre, qu'il est impossible à quelque autorité que ce soit, de gouverner la France avec des théories démocratiques.

Notre nation a des qualités particulières, qui la rendent supérieure aux autres nations; mais elle a aussi des défauts particuliers, qui dérivent de ces qualités. Ainsi, nulle part on ne trouve au même degré, ni aussi généralement répandus dans toutes les classes, l'esprit et l'intelligence, le désir de se distinguer et l'amour de la gloire, l'honneur, enfin, qui poursuit tout ce qui est noble et élevé, qui repousse tout ce qui est bas.

De l'esprit et de l'intelligence plus généralement répandus, naissent divers inconvéniens; nous saisissons facilement les objets qu'on traite devant nous; nous arrivons vîte aux premières notions, et croyons bientôt posséder toute la matière; nous avons un avis sur tout; nous traduisons à notre tribunal privé les administrateurs, les législateurs; nous prononçons avec assurance des jugemens sur des affaires qui embarrasseraient les plus grands hommes d'Etat; or, ces jugemens approuvent très-rarement, grâce à cet esprit *frondeur*, mot créé par nous et pour nous, grâce à l'ennui mortel que nous cause le panégyrique, et à notre goût inné pour la critique. C'est à ces dispositions de notre caractère national, qu'il faut attribuer l'extrême influence de la presse, dans un sens toujours contraire à l'autorité, parce qu'on ne lit que les écrits et journaux qui attaquent et qui blâment, et qu'on dédaigne ceux qui défendent et qui louent; parce que, chez la nation la plus spirituelle, le trait est mieux acéré par l'écrivain, mieux senti par le lecteur, et enfonce plus profondément dans la plaie.

Cet amour-propre, qui enfante l'amour de la gloire dans les nobles cœurs, enfante aussi la vanité. De la prétention d'être juge compétent sur toutes les matières d'administration et de gouvernement, de l'habitude de prononcer que ceux qui sont chargés de faire font toujours mal, il n'y a pas loin jusqu'à l'idée qu'on ferait mieux soi-même, et qu'on devrait être chargé de la besogne. De là tant d'impatience contre toute supériorité de rang et d'emploi; l'envie contre toute autorité, les vœux pour un changement qui déplace ceux qui possèdent, et donne une chance à ceux qui prétendent; enfin, le désir exagéré de tous d'arriver à tout, désir encouragé par la destruction des sages limites qui autrefois circonscrivaient les ambitions dans une certaine sphère, et leur donnaient à la fois un but et une borne. Cette envie de se distinguer de la foule, qui conduit les cœurs élevés aux grandes et belles actions, entraîne les hommes vulgaires à chercher des emplois, de l'avancement, de l'argent par toutes sortes de moyens, et forme, par la réunion de tous ceux qui désirent, une majorité toujours prête à travailler au renversement de la minorité qui possède les emplois.

L'honneur, enfin, ce dieu de notre nation, la délicatesse d'un peuple qui a conservé tant de traces des mœurs chevaleresques; la noble fierté des cœurs français, tendent encore à affaiblir l'autorité, à lui enlever ses plus dignes défenseurs, ou du moins à attiédir leur zèle. Toute défense du pouvoir peut être soupçonnée de vues intéressées, peut être flétrie par les mots de *servilité* et de *flatterie*. Il faut de la force d'âme pour suivre sa route, en dédaignant ces soupçons et ces accusations, et la force d'âme est rare, même chez les plus honnêtes gens. Mais résister, fuir la faveur, braver la puissance, sacrifier ses intérêts à ses opinions, quel rôle plus beau et plus brillant! Qu'il est difficile aux hommes de cœur de résister à la séduction qu'il présente, et à la vogue populaire qui en est le prix! Aussi est-ce en exagérant ces sentimens (suivant l'habitude française de tout exagérer), qu'on en est venu jusqu'à l'absurdité de rendre le mot de *ministériel* presque honteux à porter et à avouer. Partout ailleurs les deux partis prétendent au pouvoir, l'occupent tour à tour; et celui qui parvient à porter ses chefs au ministère, est nécessairement le parti ministériel. Bien loin d'en être honteux, c'est le but déclaré où aspire chaque parti, c'est le résultat dont il se félicite, dont il se fait gloire quand il est obtenu. Ici, au contraire, orateurs, journaux, écrits de tout genre, tribunaux, Chambre des pairs, Chambre des députés, tout n'a de force que pour attaquer : tout pâlit et s'éteint dans le ministérialisme, tout brille et se renforce dans l'opposition.

Jugez, avec le caractère d'un tel peuple,

lorsque tout concourt à la fois à pousser en avant la démocratie, et à contrarier le pouvoir qui devrait la contenir, combien il est important de venir au secours de l'autorité, et à quel point est dangereuse toute mesure dont l'effet serait d'élargir la voie où se précipite déjà la monarchie !

Les dangers dont menace la démocratie existent chez tous les peuples ; mais, outre que les causes tirées de nos mœurs nationales les rendent plus menaçans en France, notre situation particulière ajoute encore beaucoup à l'ardeur de l'attaque. Aucune passion n'agit vivement qu'avec l'espoir de réussir. Ailleurs, comment supposer une puissance du peuple dont personne n'a connu d'exemple. Ici, la confusion que nous avons vue dans tous les rangs, aucune situation assez basse pour interdire l'accès aux plus hauts emplois, tant de révolutions complètes dans l'Etat, résultant d'un mouvement à Paris, l'exemple presque renouvelé, en 1820, du gouvernement de la France livré dans la capitale à l'impulsion populaire, voilà des encouragemens trop puissans peut-être; et que de têtes faibles ces souvenirs ne dérangeraient-ils pas à la moindre lueur du succès de la démocratie, au moindre signe de l'affaiblissement de l'autorité !

Qu'on se souvienne que partout où a dominé l'aristocratie, les monarchies et même les républiques ont traversé des siècles sans bouleversement; qu'au contraire, l'histoire ne cite pas l'exemple d'une seule nation qui ait pu être régie paisiblement un siècle entier de suite par une Constitution démocratique. L'on a quelquefois objecté les longues luttes de nos rois avec l'aristocratie; mais qu'on remarque que, même quand les ligues des seigneurs les ont mis en état de dicter la loi, la royauté ni la légitimité n'ont jamais été mises en question par ces triomphes de l'aristocratie; que la démocratie ne l'a emporté qu'une seule fois, et qu'en France, comme en Angleterre, royauté, noblesse, pairie, le roi lui-même, tout a péri par elle.

Nous allons parler du plus puissant auxiliaire de la démocratie, de la licence des journaux.

CHAPITRE VII.

DE L'IMPOSSIBILITÉ DE GOUVERNER LA FRANCE AVEC LA LICENCE DES JOURNAUX.

Le but de ce chapitre n'est pas de chercher les moyens de préserver la France de la licence des journaux, mais seulement de démontrer par des raisonnemens et par des faits, que la France ne peut pas et n'a jamais pu la supporter. Quant au remède, qu'il est absolument nécessaire de trouver, si nous voulons vivre en repos (et nous souhaitons qu'on l'ait enfin découvert), nous ne discuterons pas s'il existe dans des mesures répressives ou dans des mesures préventives; nous préférerons même les premières (s'il en est d'efficaces), mais tout en soutenant que la Charte admet également les unes et les autres. Nous ne reviendrons point sur la démonstration que nous en avons faite à la session de 1827 par des argumens qui n'ont jamais été réfutés ni dans les Chambres ni au-dehors (1). Nous ajouterons seule-

(1) Séance du 20 février 1827.

ment un mot sur ce sujet. Veut-on la preuve que le parti libéral reconnaît lui-même que l'article 8 de la Charte ne donne pas toujours le droit d'imprimer et de publier ses opinions sans être soumis à la censure préalable? Pourquoi ne réclame-t-il pas contre la censure des affiches? pourquoi en 1819, quand il était le maître, n'a-t-il pas délivré de ces entraves ce mode de publication? Nous prions les libéraux de répondre à ce dilemme : Ou la Charte est violée par la censure préalable des affiches, et alors vous prouverez que l'on peut vivre très-tranquillement, et dormir très-paisiblement à côté de la Charte violée. Pourquoi n'en feriez-vous donc pas autant pour les journaux que pour les affiches? Ou la Charte n'est pas violée par la censure des affiches, et alors vous convenez que l'article 8 n'interdit pas la censure dans certains cas. Dans quel cas la permet-il, et pourquoi pour les affiches? Sans doute parce que ce mode de publication des opinions est dangereux. Voilà donc la question transportée, non plus sur la Charte et la légalité, mais sur le plus ou moins de danger du mode de publication. Il ne resterait donc plus qu'à prouver que les journaux présentent un mode de publication aussi et plus dangereux que les affiches : ce qui ne serait pas difficile.

Cette question du danger de la licence des journaux est celle que nous examinons dans ce chapitre.

Le caractère constant, invariable de la presse (et plus particulièrement des journaux, qui centuplent en étendue comme en rapidité les effets de la presse), c'est d'être toute-puissante pour renverser, impuissante pour soutenir. Munie d'excellentes armes offensives, mais privée d'armes défensives, elle a tous les moyens de détruire et pas de conserver. Il en résulte qu'on ne peut ni la louer ni l'accuser comme généralement bonne ou mauvaise en soi; qu'elle est très-bonne et très-utile sous un mauvais gouvernement; mauvaise et dangereuse sous les bons gouvernemens. Les journaux ne trouvent de succès que dans l'opposition : le succès n'est ni pour le bien ni pour le mal; il est pour le bien quand le mal domine; pour le mal, quand le bien règne. Sous la monarchie, le succès fut pour les idées républicaines; sous la république, pour les idées royalistes. Quand les hommes de la révolution et de l'impiété étaient à la tête de la France, les journaux religieux et anti-révolutionnaires réussirent seuls. Aujourd'hui que les doctrines religieuses et monarchiques occupent le trône, ce sont les principes de la révolution et de l'irréligion qui trouvent le plus d'abonnés. Ainsi, chacun doit déchaîner ou contenir les journaux suivant qu'il désire affermir ou ébranler ce qui existe. C'est ce qu'il faut prouver par les faits avant de chercher les causes; car qu'est-ce que la théorie sans les faits?

Puisqu'il s'agit des journaux libres, nous ne devons pas remonter au-delà de 1789. Remarquons cependant que ce principe général, qui régit la presse en France s'était déjà fait apercevoir, et avait produit son effet avant cette époque. La presse était à peu près libre de fait dans les trente années qui ont précédé la révolution. Le trône et la noblesse, la religion et le clergé étaient tout ce qui dominait en France quand la licence commença. La presse n'eut de force que contre eux. Elle usa de cette force, et ses déplorables succès ne furent que trop bien constatés, à l'époque où l'on en vint à recueillir les avis. Mais quand le mal n'existe que dans les livres, qui se succèdent moins rapidement et ont moins de lecteurs, il agit plus lentement; l'on peut en atténuer la violence par une forte répression, et l'on a le temps d'en prévoir et d'en prévenir les effets. Il n'en est pas de même des journaux. Qu'est-il arrivé aux diverses époques où ils ont été libres?

Nous ne leur attribuerons pas, sous l'Assemblée constituante, la chute de notre ancienne monarchie. Trop de causes y ont concouru à cette époque; toutefois, on ne niera pas que les journaux et les pamphlets n'aient beaucoup contribué à enflammer l'ardeur de la révolution et à en précipiter le mouvement.

Sous l'Assemblée législative, le trône constitutionnel ne leur résista pas un an, quoique la très-grande majorité des hommes restés en France désirât le soutenir.

Enchaînés par la terreur, ils redevinrent libres au 9 thermidor, et peu après ils renversaient la Convention, sans les canons du 13 vendémiaire.

Libres d'abord sous le Directoire, ils l'avaient tellement voué à la haine et au ridicule, qu'il périssait sous leurs coups, sans le coup d'état du 18 fructidor et la déportation de cinquante journalistes.

De cette époque, il faut franchir un long intervalle, et arriver en 1819, pour retrouver la liberté des journaux. Remarquons toutefois que de 1814 à 1819, les journaux semi-périodiques, qui étaient seuls libres alors, agirent efficacement suivant la loi générale de la presse; l'on sait à quel point *le Nain jaune* et *le Censeur* contribuèrent à égarer l'opinion en 1814, et à préparer la catastrophe de 1815. L'on ne peut nier non plus que *le Conservateur* et *la Minerve* n'aient renversé le ministère qui fut remplacé en 1819.

La liberté rendue aux journaux à cette époque, fit tomber, en moins d'un an, le ministère qui l'avait donnée, et ébranla même le trône légitime.

La liberté des journaux reparut en 1822, avec le dernier ministère; et si ce torrent ne l'a pas si rapidement emporté, il faut l'attribuer à des circonstances particulières. D'abord, durant les trois premières années de ce ministère, la liberté des journaux fut, pour la première fois, séparée de la licence, grâce à la salutaire loi de tendance, qui les contenait alors, parce qu'elle fut exécutée une fois sur *le Courrier*. Ensuite, la gloire et le succès de la campagne d'Espagne, le rôle noble et désintéressé qu'avait joué la France, en délivrant un roi de notre sang royal, et en chassant la révolution de son dernier asile en Europe, avaient donné, dans l'opinion, une grande force au parti d'où était sorti le ministère. Les élections prouvèrent cette force, et l'accrurent, ce qui contribua à rendre l'opinion royaliste plus puissante, et l'attaque plus mesurée. Mais quand cet effet se fut affaibli, et surtout quand il fut évident que la loi de tendance ne serait plus appliquée, les journaux prouvèrent en peu de temps qu'ils étaient en possession de toute leur influence accoutumée. Si nous considérons que depuis ce moment la censure est venue deux fois interrompre et retarder leur travail, nous reconnaîtrons que leur toute-puissance pour démolir n'a pas agi avec moins de rapidité sur le dernier ministère, qu'aux autres époques de leur licence.

Quel sera l'effet des journaux sur le ministère actuel, et combien de temps y résistera-t-il? L'avenir nous l'apprendra.

Concluons que la puissance des journaux agit aveuglément; qu'elle n'a aucun but particulier, n'est d'aucun parti, ne sert aucune doctrine, ne s'inquiète pas si un ministère est inhabile ou non, mais les attaque tous successivement, et est toujours à la disposition du parti vaincu, pour recommencer le combat. C'est ainsi que nous l'avons vue depuis dix ans poursuivre indifféremment, avec la même violence et le même succès, et le ministère demi-libéral de 1819, et les ministères des diverses nuances royalistes qui l'ont précédé ou suivi.

L'on doit donc regarder comme constatée par tous les faits sans exception qui se sont passés aux époques où les journaux ont été libres, la toute-puissance de la presse périodique, pour détruire ou ébranler toute autorité et tout principe, son impuissance pour rien soutenir ni affermir; car nous défions qu'on oppose à tous ces exemples de sa force pour détruire, pris dans divers temps, une seule époque où elle ait été utile pour conserver le gouvernement qui existait.

Quelles causes ont invariablement amené ce résultat? Comme depuis quarante ans il a toujours été le même dans des situations très-diverses, ce n'est donc pas aux circonstances, mais à la nature même de l'esprit et du caractère français qu'il faut l'attribuer. L'on s'expliquera facilement cette puissance des journaux, si l'on réfléchit que la plus grande partie de leurs lecteurs, étrangers aux hautes maximes politiques, et sans moyen de contrôler les faits, sont de jour en jour insensiblement amenés au but vers lequel on les pousse. Défians d'abord, ils cèdent peu à peu à l'habitude des mêmes idées, et les reçoivent bientôt avec moins de répugnance; ils finissent par les admettre, et se les rendre propres. Les gens éclairés ont peine eux-mêmes à se défendre de cette légère, mais continuelle impulsion. Ce qu'on a lu cent fois dans son journal se présente si fréquemment, qu'on croit l'avoir entendu dire à cent personnes différentes. Ainsi, l'opinion d'un seul journaliste vous semble à la fin l'opinion générale, et c'est ainsi que l'on voit tant d'honnêtes gens qui se résignent, contre leur propre conviction, à sacrifier la saine opinion qu'ils eurent si long-temps, parce qu'ils se disent qu'on ne peut pas résister seul à l'avis de tout le monde.

Mais cette influence, généralement reconnue, des journaux sur leurs lecteurs, pourquoi n'est-elle jamais exercée que de la même manière, et toujours contre l'autorité, tandis qu'il y a des journaux dans tous les sens? Parce qu'on ne cherche, parce qu'on n'aime à lire que les journaux contraires à l'autorité, ce qu'il faut peut-être attribuer à ce penchant de la nature humaine, qui nous porte à voir avec plaisir rabaisser et humilier ce qui est élevé, et qui autrefois à Rome environnait le char des triomphateurs de railleries et d'outrages; ce qu'il faut attribuer surtout à ces dispositions particulières, à ce caractère distinctif de la nation française, que nous avons signalés dans le chapitre précédent; à la vanité, à l'envie des supériorités, à l'ambition sans limites, à l'esprit malin et frondeur, à l'ennui insupportable du panégyrique, et au plaisir de la critique; au goût de la multitude pour ce qui la flatte et attaque le pouvoir. Ajoutez que la disposition maligne, même malveillante des esprits, trouve aisément un aliment, et dans les fautes des autorités (car quel homme n'en fait pas, surtout quand il a un parti à prendre tous les jours), et dans les mauvais succès de tout genre qui sont souvent hors de leur pouvoir, mais que le vulgaire prend toujours pour des fautes.

Le caractère français a toujours été le même sous ce rapport, et nous ne croyons pas qu'il y ait jamais eu en France un ministre qui eût de la popularité pendant qu'il était au pouvoir. Sully fut haï, et le cercueil de Colbert fut insulté. En voilà plus qu'il ne faut pour expliquer pourquoi les journaux ennemis de l'administration sont les seuls qui soient recherchés dans tous les temps. Ce fait une fois constaté, l'on n'a plus à s'étonner qu'ils nourrissent et accroissent les mécontentemens, les portent peu à peu jusqu'à la haine et la fureur, et finissent par faire déborder un torrent d'opinion publique, qui emporte successivement chaque ministère. Il nous paraît donc impossible que la licence des journaux, dans notre pays, ne renverse pas promptement toute administration, et n'ébranle pas à la longue toute autorité.

Mais pourquoi cette licence ne produit-elle pas le même effet en Angleterre? Parce que les Anglais ne sont pas les Français. Veut-on une preuve de cette différence entre les deux nations? Ces clubs, ces assemblées tumultueuses de plusieurs milliers de personnes réunies dans les villes ou les campagnes pour entendre des harangues véhémentes contre le gouvernement, ne troublent point l'Etat avec les mœurs anglaises, et ne pourraient être supportées parmi nous. Si les assemblées publiques sont sans danger en Angleterre, et dangereuses en France, pourquoi n'en serait-il pas de même des journaux? La même cause doit produire le même résultat dans des cas si analogues; car les harangues ne sont pas moins véhémentes dans les journaux que dans les assemblées; et qu'elles soient adressées à un petit nombre de personnes réunies dans un seul lieu, ou portées en tous lieux à un très-grand nombre de personnes dispersées, peu importe. Ce sont des brandons qui, jetés de l'une ou de l'autre manière, nuisent également s'ils tombent sur des matières combustibles comme en France, et n'allument point d'incendie, s'ils rencontrent, comme en Angleterre, des matières moins inflammables. Cette cause, qui rend dangereux dans un pays ce qui ne l'est pas dans l'autre, tient peut-être à la constitution physique; et nous ne savons s'il ne suffirait pas, pour expliquer cette différence, de remarquer qu'il y a plus de soleil en France qu'en Angleterre. La chaleur du sang et des passions accroît ici le danger des provocations, ou prononcées en public, ou périodiquement écrites. Mais il est, en outre, une cause morale qui remonte à l'époque où les mœurs de chaque peuple se sont formées. Le plus grand danger des journaux, en France, c'est qu'on ne recherche que ceux qui attaquent. Il n'en est pas ainsi en Angleterre. Il y a deux partis qui y existent depuis plus de cent cinquante ans. Ces partis, fortement liés de part et d'autre, se disputent toujours le pouvoir. Chacun est trop fortement attaché au sien pour courir après les journaux du parti contraire, ou du moins pour en recevoir quelque impression. Là, on est ministériel, ou de l'opposition, suivant que son parti triomphe ou est abattu; et quand les wighs occupent le ministère, un wigh ne craint pas plus de se déclarer hautement ministériel, qu'un soldat ne renie l'armée victorieuse dont il fait partie. Là, les journaux maintiennent d'un côté s'ils ébranlent de l'autre; ils encouragent et soutiennent leur parti, quoique ministériel; et non contens de parer les coups du parti contraire, ils ripostent avec énergie; là, quand un parti a porté ses chefs au pouvoir, il n'a pas l'air de penser qu'il leur suffit de l'autorité pour se défendre, et qu'il n'y a plus qu'à les laisser faire; il combat toujours, au contraire, pour défendre le poste qu'il a conquis, et pour résister à l'ennemi qui veut le déposséder. Ainsi, là tout est constamment lié à peu près de la même manière; les mêmes journaux sont lus par les mêmes personnes; les mêmes ennemis attaquent les mêmes ennemis : la position n'y change rien, et le ministère a toutes les chances de stabilité, puisqu'il conserve l'influence de son parti et des journaux de ce parti, et y ajoute la force de l'autorité. Ce n'est pas ainsi que les choses se passent en France. Au lieu d'avoir deux partis constamment liés depuis plus d'un siècle, nous en voyons trois, quatre ou cinq depuis dix ans, changeant sans cesse, se modifiant, se mêlant, et, au milieu de toute cette inconstance, constamment unis tous contre la nuance d'opinion, ou la fraction qui est parvenue au pouvoir. Quel ministère résistera, si vous ajoutez encore contre lui l'artillerie infatigable des journaux, qui ne devront leur succès, et, par conséquent, leur fortune, qu'à leur opposition, et même à la violence de cette opposition?

Ces résultats opposés tiennent à la différence des deux nations. Tout est collectif en Angleterre; tout est individuel en France. L'orgueil anglais porte d'abord sur son pays, puis sur son parti, ensuite sur lui-même. La vanité française suit l'ordre inverse. L'Anglais prétend de grands égards pour lui, parce qu'il est de l'Angleterre; le Français prétend de grands égards pour la France, parce que c'est son pays, et qu'il est sensible à l'honneur de tout ce qui tient à lui. Par suite de cette manière de sentir, l'Anglais reçoit ses opinions de son pays et de son parti, et n'en a point personnellement, ou en fait aisément le sacrifice. Le Français a des opinions personnelles, et ce n'est qu'avec une extrême peine qu'il se décide à les sacrifier à son parti : encore ne sera-ce que dans des momens très-critiques, et pour peu de temps. C'est cette disposition, de part et d'autre, qui a donné de la stabilité au gouvernement représentatif en Angleterre, et qui a laissé la France sans contrepoids contre la mobilité dont ce gouvernement porte avec lui les élémens.

La diversité, et l'on pourrait dire même le contraste des mœurs anglaises et françaises, sous ce rapport, tient à des causes qui remontent bien haut dans les siècles passés, et qu'il serait trop long de développer, mais que nous indiquerons en peu de mots. Cette différence provient, à ce qu'il nous semble, de la situation différente où se trouvèrent les deux pays aux époques, assez rapprochées l'une de l'autre, où commencèrent les deux races des rois qui les gouvernent. En Angleterre, un roi donné par la conquête, avait transmis à ses successeurs une puissance trop redoutable pour qu'aucun des plus grands vassaux pût engager une lutte personnelle avec le monarque. Dès lors ces vassaux sentirent qu'ils ne pouvaient défendre leurs droits et leurs libertés contre le pouvoir presque absolu du roi, que par une union fortement serrée : de là, ces ligues générales qui leur firent obtenir, et toujours réclamer, la grande Charte; de là, le soin constant de se réunir en assemblée, et de venir dans les parlemens préserver leurs droits et délibérer sur les intérêts du pays.

En France, au contraire, un roi, reconnu avec assez d'indifférence par de puissans vassaux répandus sur un sol plus étendu, avait à peine quelque pouvoir hors de ses domaines : chaque seigneur de fief se croyait presque son égal, le défiait seul, et ne pensait avoir besoin du secours de personne pour lui résister et s'opposer aux envahissemens de la puissance royale. L'esprit de chevalerie vint encore ajouter à cette confiance en sa propre force. Il résulta de cette disposition, que les grands ne formèrent point d'unions générales et durables, et qu'ils dédaignèrent d'user de leur droit de venir délibérer au parlement sur les affaires publiques.

C'est à ces premières causes qu'il faut attribuer, peut-être, cette différence dans le caractère politique des deux nations : dans l'une, les sentimens tout collectifs, la constance des partis, l'opinion toujours formée par celle de son parti, et jamais personnelle ; dans l'autre, les sentimens tout individuels, la divergence des partis, l'opinion toujours personnelle, et difficilement modifiée pour agir avec son parti. Il est donc à remarquer, comme singularité, que c'est précisément parce que les rois d'Angleterre étaient plus puissans d'abord, que les traces du gouvernement représentatif ne s'y sont jamais perdues entièrement, et que leur autorité a fini par être fort restreinte ; et que c'est parce que les rois de France avaient peu de pouvoir, qu'ils sont devenus absolus, et que les formes représentatives que la monarchie avait trouvées à son berceau, sont tombées en désuétude.

Du reste, que ces aperçus aient plus ou moins de fondement ; quelles que soient les causes qui ont amené des contrastes si marqués chez ces deux peuples, il suffit, pour cette discussion, que ces effets soient constans, que la différence des caractères nationaux existe, et que la nécessité de modifications diverses dans le gouvernement soit généralement reconnue dans des matières analogues, telles que les clubs et les nombreuses réunions en plein air.

Cette remarque que *la France n'est pas l'Angleterre*, suffirait pour répondre à un discours qui, dans les discussions de cette année, a fait plus d'impression que les autres, parce qu'il sortait de ces lieux communs tant ressassés depuis quarante ans, et qui n'en sont pas moins faux pour avoir été mille fois répétés. Le noble orateur s'est principalement appuyé sur ce que, depuis la liberté de la presse, l'on n'a point vu en Angleterre ces jugemens iniques, ces mesures absurdes et atroces qui avaient, avant cette époque, déshonoré si souvent le parlement de cette nation.

1.° Il suffirait de répondre que nous convenons que la liberté des journaux a des avantages, comme nos adversaires reconnaissent qu'elle a des inconvéniens. Toute la question se borne donc à savoir si les avantages surpassent ou non les inconvéniens. Or, n'est-il pas possible qu'en Angleterre cette liberté ait moins d'inconvéniens que d'avantages, et que ce soit le contraire en France? Telle est, nous le croyons, la vérité.

2° Nous croyons que c'est faire trop d'honneur à la liberté de la presse, que de lui attribuer le régime plus juste, moins tyrannique, moins sanglant, qui a gouverné l'Angleterre depuis la chute des Tudor. L'autorité moins absolue, et les parlemens moins serviles expliquent ce changement favorable dès le règne de Jacques Ier, et long temps avant la liberté de la presse.

Entre plusieurs causes qui ont concouru à cet heureux résultat, il faut donc compter avant tout des Chambres libres, qui auraient empêché ces mesures atroces et absurdes, même sans la liberté de la presse, comme elles les ont empêchées sans la publicité des débats parlementaires. Dira-t-on qu'avec la liberté de la presse, l'oppression des assemblées eût été impossible? L'on ne remarque pas que si les circonstances avaient mis le souverain en possession d'un pouvoir assez tyrannique pour que les hommes considérables qui composaient les Chambres n'osassent pas dire leur avis, d'obscurs écrivains auraient encore moins osé l'écrire. Henri VIII aurait bien su leur ôter l'envie d'écrire, quand les lois leur en auraient laissé le droit. Sans doute, avec une vraie liberté de la presse, les Chambres n'auraient pas été opprimées; mais cette liberté, comme celle des Chambres, aurait été, à la même époque, anéantie de fait, quoiqu'elle subsistât de droit. Nous en avons eu la preuve en France : la liberté de la presse existait de droit en 1793, comme en 1790; aucune loi ne l'avait supprimée. Mais la même peur qui opprimait les députés, opprimait aussi les écrivains. Il en fut de même sous le consulat : la liberté de la presse avait son article dans la Constitution; mais elle n'existait pas de fait, pas plus que la liberté des Chambres. Cette liberté n'est donc pas un préservatif contre la tyrannie.

Après avoir établi le danger de la licence des journaux, et par les faits et par l'examen des causes qui démontreraient, même à ceux qui ne connaîtraient pas les faits, qu'ils ont dû ou devront avoir lieu, voyons si les avantages qu'on nous signale sont assez grands pour nous forcer à braver ce danger.

Est-ce la faculté d'éclairer le gouvernement sur les mesures et les propositions qu'il a en vue, et de le préserver ainsi des fautes qui nuiraient au pays? Mais l'on ne devine pas comment il sera éclairé par les journaux, si les uns font l'éloge de tout, si les autres blâment tout; et l'on ne voit pas là un moyen de discerner les fautes pour les éviter. Est-ce la publicité donnée à tout abus de pouvoir, à tout acte d'oppression, afin de les rendre impossibles? sont-ils plus possibles, sans les journaux? Avec des Chambres annuelles et le droit de pétition (fût-il même réduit aux plaintes individuelles pour les griefs personnels), aucun acte illégal et oppresseur n'est possible : nous en avons eu la preuve. Où sont, de 1815 à 1819, et de 1820 à 1822, les actes d'oppression qu'on reproche au gouvernement? A ces époques, où la presse périodique n'était pas libre, a-t-on vu moins de légalité que sous le dernier ministère, où elle était libre? On ne se lasse pas de nous redire que c'est le contraire, et que rien n'a été légal sous le dernier ministère. A quoi donc nous a servi la liberté des journaux?

D'ailleurs, quel que soit le système qui régira les journaux, une discussion mesurée des affaires publiques, une réclamation décemment exprimée ne seront jamais interdites, et feront plus d'effet que quand elles seront noyées dans des flots d'injures et de calomnies, et confondues parmi des milliers d'attaques passionnées et mensongères.

Faudra-t-il compter pour l'un de ces grands avantages, celui de consulter et de connaître cette opinion publique qui doit, dit-on, donner la direction sous cette forme de gouvernement? Comment chercher dans les journaux les doctrines et les conseils de cette opinion publique, quand ils professent toutes les doctrines opposées, quand ils donnent tous les avis contraires, même en se trouvant ensemble dans l'opposition? Un gouvernement sage se gardera bien de suivre les pas vagabonds d'un guide aussi insensé que ces fausses opinions publiques, aussi bruyantes qu'inconstantes, auxquelles les journaux donnent tour à tour un moment de vogue. Il cherchera ailleurs la véritable opinion publique, qu'il doit tantôt suivre et tantôt diriger; il la trouvera où la Charte l'a placée; il en reconnaîtra l'expression dans les deux Chambres et dans les vœux des conseils-généraux.

En résumé, la licence des journaux fut à toutes les époques, et sera toujours pour la France une source d'agitation et de troubles, et est incompatible avec son repos et son bonheur, avec sa force et sa richesse; et ces dangers ne sont compensés par aucun des avantages qu'on leur suppose. La Charte ne nous l'a point imposée, et a laissé toute décision sur ce sujet à la sagesse de la loi. Qui peut donc nous décider à souffrir que des craintes sans objet troublent sans cesse le calme dont nous pouvons jouir; que l'instabilité continuelle du gouvernement, et les divisions toujours fomentées des citoyens, détruisent la force et la puissance dont nous possédons tous les élémens; qu'un malaise vague et une inquiétude chaque jour répandue, restreignent les consommations, et arrêtent ainsi les progrès de la richesse qui est dans nos mains; comme si, après qu'une divinité favorable eut doué la France de tous les moyens de bonheur, de force, esprit, honneur, richesse, de tous les dons enfin, une fée malfaisante était survenue, et, pour rendre inutiles tous ces dons, pour annuler et empoisonner tous ces bienfaits, nous avait donné les journaux? Non, ne sacrifions point la France à l'intérêt pécuniaire de quelques spéculateurs, ni à l'intérêt de la démocratie, qui n'a jamais rien de commun avec l'intérêt public. Puisque l'opinion libérale ou démocratique s'oppose à tout ce qui peut contenir la presse, et surtout les journaux, dans les limites raisonnables, à tout ce qui peut placer une barrière invincible entre la liberté et la licence, nous pouvons hardiment en conclure que toute part de l'opinion libérale au gouvernement est incompatible avec le maintien de l'autorité et la conservation du trône, avec l'affermissement de nos institutions, avec le repos et le bonheur de la nation.

Après avoir montré d'abord le peu de fondement des motifs sur lesquels on appuyait la nécessité d'une alliance avec la gauche, ensuite le danger certain d'une telle alliance pour le trône et le pays, il nous reste à examiner si la composition actuelle des Chambres n'est point un obstacle à cette alliance du ministère avec la droite, que conseille le bon sens et l'intérêt général, et qu'amènera sous peu la force des choses.

CHAPITRE VIII.

DES ALLIANCES POSSIBLES ENTRE LES PARTIS ET AVEC LE MINISTÈRE.

Nous avons compté quatre partis en France, ou plutôt dans les Chambres ; les deux nuances libérales composées de partisans plus ou moins prononcés des idées démocratiques, et qu'on désigne sous le nom de *gauche* et de *centre gauche ;* les deux nuances royalistes, composées de partisans plus ou moins prononcés des idées monarchiques et aristocratiques, c'est-à-dire la *droite* et le *centre droit*. Ces quatre partis existent plus réellement dans les Chambres que dans la nation ; ces nuances délicates s'effacent dès qu'on sort de la sphère du gouvernement, et l'on ne trouve plus guère hors des Chambres que les opinions nettes de la droite et de la gauche, qui aient quelque puissance. Aussi a-t-on pu remarquer que toutes les fois que le gouvernement a voulu user de l'influence légale et nécessaire qu'il doit avoir dans les élections pour faire nommer des hommes du centre droit ou du centre gauche, il a obtenu généralement des hommes de la droite ou de la gauche.

Quelle est la force de chaque parti dans les Chambres? Autant que ces sortes de calculs peuvent être justes, l'on divise ainsi les partis dans la Chambre des députés :

Droite.	150
Centre gauche. . . .	130
Centre droit.	90
Gauche.	60
	430

Dans la Chambre des pairs, les deux cent cinquante membres qui votent dans les occasions importantes, peuvent être ainsi divisés :

Droite.	120
Centre droit.	80
Centre gauche. . . .	50
	250

L'opinion représentée par la gauche n'existe pas dans la Chambre des pairs, et n'y peut exister. L'opinion extrême des libéraux prononcés est entièrement contraire à toutes les idées de noblesse, d'hérédité, de privilége;

on les a toujours trouvés beaucoup plus accommodans sur l'article de la liberté que sur l'égalité. Ils ne sont disposés à déroger à cette égalité qu'en faveur des notabilités intellectuelles du moment, et sans la condition d'hérédité. Ceux d'entre eux qui sont assez corrigés de la Constitution de 1789 pour adopter l'idée de deux Chambres, se résigneraient à un sénat élu, mais jamais à une Chambre des pairs héréditaire. Aussi, aucun membre de la Chambre des pairs ne peut-il appartenir à ce parti, dont le succès ferait régner des doctrines avec lesquelles une Chambre des pairs ne pourrait subsister long-temps.

Lorsqu'un changement dans la majorité des Chambres impose la nécessité d'un changement dans le ministère, le premier soin doit être de calculer les forces des divers partis, afin d'arriver à une combinaison qui assure une majorité au nouveau ministère, sans quoi l'on n'aurait rien gagné au revirement, et l'on n'aurait pas changé de position. En jetant les yeux sur la composition des Chambres, il était impossible de ne pas voir, à la première inspection, qu'aucun ministère formé dans une seule nuance d'opinion, n'aurait la majorité, et qu'on ne pouvait atteindre ce but que par une alliance entre deux des quatre partis principaux. C'est une vérité sur laquelle, dès le premier moment, les hommes de toutes les opinions furent d'accord. Deux combinaisons se présentaient : l'alliance du centre droit et du centre gauche, ou celle de la droite avec le centre droit.

L'alliance de ces deux centres présentait, dans la combinaison la plus favorable, une majorité de cent trente contre cent vingt dans la Chambre des pairs, de deux cent vingt contre deux cent dix dans la Chambre des députés. L'on sait assez qu'une majorité de dix voix dans chacune des Chambres est tout à fait insignifiante, et ne peut pas être considérée comme une majorité qui donne les moyens de gouverner. Dans l'alliance de la droite et du centre droit, la majorité dans la Chambre des pairs était de deux cents contre cinquante, et dans la Chambre des députés, de deux cent quarante contre cent quatre-vingt-dix. Cette combinaison offrait du moins la possibilité de gouverner ; la majorité de la Chambre des députés, quoique insuffisante, était cependant la plus forte que pût faire espérer la composition actuelle de cette Chambre, et devait s'accroître en raison de l'immense majorité qui était assurée dans l'autre Chambre. Ce simple calcul de chiffres indiquait l'alliance la plus avantageuse dans la situation donnée ; mais des raisons plus fortes en faisaient une nécessité ; car, avant de songer à une alliance, il faut d'abord s'assurer qu'elle est possible. Examinons donc si l'une et l'autre des deux alliances proposées étaient également possibles.

Cette possibilité pour l'alliance de la droite avec le centre droit, ne paraît pas laisser de doute. Cette alliance avait déjà existé complètement de 1819 à 1822 ; et quand la séparation eut lieu à cette dernière époque, il n'y avait de dissentiment réel que sur les personnes. Or, des exemples fameux viennent de nous apprendre que l'on transigeait facilement sur ce point. L'alliance était donc naturelle et facile entre ces deux partis, ou plutôt entre ces deux sections du même parti. Et, en effet, toutes deux veulent également que la prérogative royale jouisse de toutes les attributions qui lui appartiennent, que l'aristocratie ait la principale influence dans l'Etat, que le pouvoir démocratique soit contenu dans les bornes où la Charte l'a renfermé, que l'autorité ait la force nécessaire pour que l'ordre soit toujours assuré. Les deux sections de la droite forment donc les mêmes vœux, et tendent au même but; il n'y a de différence entre elles que du plus au moins; et le plus souvent, cette différence tient moins à des nuances dans les opinions que dans les caractères, les uns plus vifs, les autres plus circonspects. De plus, dans l'état actuel des esprits, et avec la composition présente de la Chambre des députés, les royalistes de la droite ne demandent pas qu'on aille plus avant, qu'on ajoute aux prérogatives de la couronne, et à la juste influence de l'aristocratie. Ils n'ont assurément d'autre prétention que de ne pas rétrograder, de garder le *statu quo*, et de ne point faire de concession à l'esprit démocratique. Ces vues s'accordent complètement avec celles du centre droit; et il eût été facile à un ministère composé des diverses nuances de la droite, de se mettre à la tête de cette alliance.

En était-il de même de l'alliance des deux centres? Nous avons déjà remarqué que c'est l'opinion démocratique modérée qui siége au centre gauche, et l'opinion monarchique modérée qui siége au centre droit; que ces deux opinions sont éternellement ennemies, sont divisées dans toutes les questions par la nature des choses, puisqu'on ne peut rien donner à l'une sans l'ôter à l'autre; que par conséquent ces doctrines opposées n'en sont pas moins impossibles à unir, même quand elles sont de part et d'autre un peu moins vives et moins absolues. Pour s'en convaincre, il suffit d'observer ce que pourrait faire un ministère qui voudrait réunir ces deux partis. Quelle proposition fera-t-il? Aura-t-elle une tendance démocratique ou monarchique? car cette question se retrouve partout. Ne pouvant satisfaire les deux partis à la fois, il faudra qu'il s'arrange pour les satisfaire alternativement. Ainsi, il ne proposera pas une loi ou une ordonnance; il sera contraint d'en proposer deux, l'une démocratique, l'autre monarchique, ou bien il partagera la même loi en articles démocratiques et articles monarchiques. Avec cette marche obligée, le ministère aura-t-il un parti tout prêt à soutenir ses mesures? Non sans doute. Il fera passer telle loi par le moyen des deux sections de droite, telle autre loi avec le secours des deux sections de gauche, en décidant, d'un côté ou de l'autre, la majorité avec quelques indécis dont un ministère dispose facilement. Dans la même loi, il obtiendra un article par le secours de la droite; l'autre, à l'aide de la gauche. Dans le même article, il adoptera avec la gauche telle disposition, et repoussera avec la droite l'amendement qui veut lui donner plus d'extension. Et de là naît ce système de bascule qu'on condamne comme s'il était de choix, tandis qu'il est d'obligation et imposé par la situation. Mais il arrive que ceux qui vous ont appuyés dans telle occasion, sont mécontens que l'instant d'après vous repoussiez leurs vœux à l'aide du parti contraire. L'humeur gagne à droite, l'humeur gagne à gauche; chaque parti se souvient plus de ce qu'on lui a refusé que de ce qu'on lui a accordé, et l'on finit par rester tout seul, en butte aux attaques des deux partis, et sans défenseurs. Cette théorie, qu'il est difficile de contester, n'a été que trop confirmée par l'expérience. Que ceux qui ont suivi cette année les séances de la Chambre des députés, le disent franchement : A-t-on vu habituellement voter les deux centres contre les deux extrémités? et au contraire, la Chambre n'a-t-elle pas été presque toujours coupée par le milieu, et n'a-t-on pas vu le plus souvent chacun des deux centres voter avec le côté dont il porte le nom? Mais il était assez inutile de tenter de nouveau cette expérience, car elle n'était plus à faire. Ce même système a amené trois chutes de ministère, de 1817 à 1821; et l'on peut en regarder le succès comme impossible, s'il n'a pu se soutenir avec le secours de talens aussi distingués que ceux de MM. Pasquier, Lainé, de Serre, et sous la direction de M. le duc de Richelieu, qui devait donner tant de poids à son administration, et par la noblesse et l'élévation de ses sentimens, et par cet avantage, unique peut-être pour un sujet, d'avoir fait profiter son roi et son pays de sa considération personnelle, de ses relations individuelles, et d'avoir ainsi adouci et abrégé les maux que nous avait légués le chef très-peu libéral de la plupart de nos libéraux d'aujourd'hui.

Mais, dira-t-on, l'on peut opposer des faits à l'impossibilité que vous voulez établir de l'union des deux centres. L'on a vu des hommes du centre gauche voter avec le centre droit; et l'on a vu unis au centre gauche des hommes du centre droit, et même de la droite. Nous répondrons que l'on n'a point vu des hommes professer à la fois ces deux doctrines contraires; mais qu'en effet l'on a vu des hommes changer de doctrines. Ainsi, tel homme de bonne foi, appartenant au centre gauche, qui a vu, en 1819, comme aux réélections de 1828, l'effet, si rapide et si funeste pour le trône légitime, d'une tendance démocratique, a pu reconnaître son erreur, et se réunir au centre droit. Il n'a point allié les deux opinions, mais il a renoncé à l'une pour adopter l'autre. Des hommes des deux nuances de droite ont pu également renoncer à leurs doctrines pour adopter celles de la gauche; et malheureusement le nombre de ces derniers a été plus considérable que celui des premiers; mais moins cependant qu'on a pu le croire. Qu'il nous soit permis de nous arrêter un moment sur ces royalistes qui ont paru se faire libéraux.

Un grand nombre de royalistes désapprouvaient la marche du dernier ministère. Ils l'attaquèrent, et se trouvèrent naturellement unis, dans la vue de le renverser, avec ceux qui combattaient sans relâche, depuis la restauration, l'opinion dont le triomphe avait élevé ce ministère. Il est fort aisé de s'unir pour renverser : il importe peu qu'on appartienne à des partis contraires; pourvu que les coups ébranlent ce qu'on attaque, il importe peu qu'ils partent de deux points opposés. Des royalistes furent donc unis aux libéraux dans l'attaque, mais il ne s'ensuivait pas qu'ils s'unissent à leurs doctrines; et, en effet, après le succès de cette coalition, la plupart des royalistes se séparèrent de ces nouveaux alliés, qui ne parlaient pas la même langue, et ne se ralliaient pas aux mêmes principes. Quelques-uns, cependant, effrayés encore de l'ombre même du pouvoir déchu, et dupes des piéges adroitement tendus par les libéraux, parurent continuer, durant quelque temps, leur alliance avec eux. Toutefois, remarquons (ce qui démontre l'impossibilité de l'union réelle entre les opinions contraires) que l'alliance ne fut jamais bien franche entre les partis coalisés; que, réunis sur des scrutins de noms, ils se séparèrent habituellement sur les questions de doctrine; que les libéraux se gardèrent bien d'ouvrir à leurs nouveaux alliés les portes de la Chambre, et que, maîtres de quarante réélections, ils se refusèrent à faire nommer MM. de Bouville, de Lézardière, de Berthier, Boucher, Santot-Baguenault, etc., etc., connus par leur opposition au dernier ministère, mais attachés aux doctrines monarchiques; que, de leur côté, les nouveaux amis des libéraux ne s'empressèrent pas, en traitant avec le ministère, de les faire entrer en partage des hautes places du gouvernement, abandonnées à la précédente opposition; en sorte qu'il n'y avait d'alliance ni pour faire profiter les royalistes alliés de l'influence des libéraux sur les élections d'arrondissement, ni pour faire profiter les libéraux alliés des relations des royalistes avec le ministère. Tel est toujours le résultat des alliances qui sont fondées seulement sur une communauté d'opposition, et qui n'ont pas pour base des doctrines communes. Il faut seulement excepter deux ou trois royalistes qui se sont entièrement livrés aux doctrines de la gauche; mais l'on sait qu'il est des hommes qui n'ont jamais d'opinion arrêtée, et qu'on retrouve, à la première occasion, aussi facilement qu'on les a perdus.

Comment, en effet, ces prétendus alliés pourraient-ils faire cause commune avec des idées si différentes, ou plutôt si opposées? Ils ne s'entendaient même pas quand ils votaient ensemble. Ce système, que le concours de leurs boules a nommé *déplorable*, c'est, pour les libéraux, le système de ces royalistes qui avaient formé la majorité de 1815 et la minorité des Chambres suivantes, et qui avaient porté leurs chefs au pouvoir en 1822. Assurément il n'en était pas de même pour les royalistes, leurs alliés, qui avaient fait partie et de cette majorité et de ces minorités, qui, par conséquent, n'avaient pas l'intention de condamner leur propre système. Ainsi, pour eux, c'était seulement au système des ministres, et non point au système du parti royaliste, qu'ils appliquaient le mot *déplorable*. Il est évident que si les boules avaient été accompagnées d'un considérant, les nouveaux alliés n'auraient pas paru appartenir au même parti. C'est ce qui est arrivé quand on en est venu aux questions de doctrine, et ce qu'on verra plus décidément quand des propositions plus importantes feront plus vivement éclater les principes de chacun.

Encore une fois, il nous paraît impossible d'unir aucune des sections de la gauche avec aucune des sections de la droite : au contraire, l'union de la droite et du centre droit est, dans la nature des choses, très-facile, existe déjà sur la plupart des points en discussion, et aurait existé sur tous, sans la crainte du retour du dernier ministère. Cette crainte, soigneusement entretenue par les libéraux, s'évanouira dès que les passions auront pour un moment fait place à la réflexion. Il est évident que c'est la majorité assurée à l'opposition dans la Chambre des députés, qui a nécessité la retraite du dernier ministère; que la même Chambre subsistant toujours, les mêmes raisons et la même nécessité s'opposent au retour de ce ministère; qu'une dissolution de la Chambre ne ferait, dans l'état actuel des esprits, que fortifier le parti libéral, et que, par conséquent, il n'y a aucune chance pour que les craintes semées à dessein se réalisent, et pour que les royalistes qui s'étaient unis aux libéraux pour renverser, continuent cette alliance, après que le but est atteint. Divisés avec le reste des royalistes sur des hommes, il ne reste plus de sujets de division entre eux, et ils doivent se retrouver, comme auparavant, unis par des doctrines communes. Aussi ne peut-on pas douter qu'un ministère où les diverses nuances de la droite seraient représentées, ne parvînt aisément à réunir toutes les fractions de droite en un seul parti, qui aurait la majorité partout.

A l'époque du changement dans l'administration, le nouveau ministère fut pris dans une seule nuance, et tous ses membres appartenaient à l'opinion du centre droit. Alors, point de majorité dans aucune Chambre pour l'opinion du ministère : de là la nécessité d'en chercher une de côté et d'autre, d'être appuyé alternativement par la droite ou par la gauche, et d'être sans appui dans les questions où les doctrines ne sont pas intéressées, dans les questions de budget, par exemple; de là un budget rogné, morcelé, insuffisant; de là enfin les embarras chaque jour renaissans d'un ministère sans parti bien lié dans les Chambres, et par conséquent sans majorité fixe.

En résumé, une fois la nécessité reconnue d'une alliance entre deux nuances, fallait-il partager le ministère avec les chefs du centre gauche? Toutes les propositions qui auraient répondu à une telle composition de ministère, n'auraient pu être admises à la Chambre des pairs. C'était donc en partageant le ministère avec la droite, que les plus grands embarras se seraient aplanis, et que la marche eût été, non pas facile, à raison de la force de l'opposition dans la Chambre des députés, mais possible : ce qui n'existe pas dans l'état actuel. Certes un ministère appuyé, dans la Chambre des pairs, sur une majorité aussi forte que celle qui serait produite par la réunion des deux sections de la droite, verrait la faible majorité déjà acquise dans l'autre Chambre s'augmenter chaque jour; et quand il en serait autrement, quand il arriverait jamais qu'un ministère ainsi placé trouvât une opposition en majorité dans la Chambre des députés, le bon sens et le patriotisme des Français leur dirait assez que s'il existait deux systèmes opposés, dominant dans les deux Chambres, dont le concours est nécessaire pour faire le moindre pas, l'Etat immobile ne pourrait pas périr, faute de la possibilité d'agir; qu'il serait absolument nécessaire de trouver le moyen d'accorder les deux volontés qu'il faut consulter, et que pour arriver à ce but, si le nœud ne pouvait se dénouer, ce serait le droit et le devoir de la prérogative royale de le trancher.

Ce qui eût été utile au commencement de l'année, devient indispensable aujourd'hui. Nous croyons que, sans la réunion du centre droit et de la droite, il sera impossible au ministère de traverser les prochaines sessions. L'on aurait tort de se rassurer par l'exemple de la dernière; les partis n'avaient point encore pris position ni calculé leurs forces, et chacun d'eux cherchant l'alliance du ministère, gardait avec lui des ménagemens. Mais il faudra dorénavant avoir une position plus décidée. Puisqu'il est nécessaire d'unir deux nuances pour former une majorité ministérielle, chacune de ces nuances voudra avoir ses organes et ses représentans dans le ministère. Si, selon la marche indiquée dans les deux journaux qui passent pour ministériels, les chefs du centre gauche sont introduits dans le ministère, il est important qu'on juge bien d'avance de la position où l'on se trouvera alors. Le centre gauche a été dépossédé de toute influence dans le gouvernement, à la fin de 1819. Il a perdu du terrain depuis cette époque, et il veut le regagner. Qu'on ne se fie pas trop sur sa modération dans son opinion; il fait même route avec la gauche; ils peuvent long-temps aller de conserve, et la séparation ne serait peut-être tentée entre eux que lorsqu'on serait près d'arriver aux derniers excès, et qu'il ne serait probablement plus temps d'arrêter le mouvement graduellement accéléré. Les esprits attentifs ont remarqué que durant cette session, les deux sections de gauche ont la plupart du temps voté ensemble; et quand elles se sont séparées, c'est rarement par dissentiment d'opinion sur le fond de la question, mais plutôt par une supériorité de tactique de la part du centre gauche, qui pensait qu'il ne fallait *pas encore* faire telle proposition, et qu'il n'était pas temps de démasquer ses batteries. Se porter nettement au centre gauche, c'est s'engager à suivre la gauche. Les plus habiles chefs des deux nuances de ce parti n'ont pas voulu être trop exigeans cette première session, et ont craint de rebuter le ministère, et de le pousser vers leurs adversaires. Ils se sont donc, pour cette fois, contentés de ce qu'on leur a donné d'assez bonne grâce. Mais ceci est obtenu; les partis, et surtout celui-là, ne restent jamais stationnaires. Il leur faudra de plus importantes concessions; le ministère ayant une fois fait son choix, ne pourrait plus les refuser à ceux dont l'appui lui serait nécessaire contre la droite, alors tout à fait aliénée, et l'on verrait bientôt se succéder les propositions démocratiques dont l'effet, sinon l'intention, serait de démolir la royauté pièce à pièce. Mais la Chambre des pairs, avertie d'abord par l'entrée dans l'administration d'hommes de la gauche, présenterait une immense majorité contre tout envahissement démocratique, et placerait le ministère dans un défilé sans issue. Car il ne faut point qu'on se fasse d'illusions sur la majorité que la Chambre des pairs a accordée, durant la dernière session, aux projets ministériels; les votes ont été alors dirigés bien moins par les opinions que par des circonstances particulières. La déférence naturelle aux royalistes pour les lois proposées au nom du roi; l'indulgence pour un ministère nouveau, et la crainte d'un ancien; l'humeur encore présente de la nombreuse nomination de pairs, et le désir de décourager à l'avenir toute tentative de ce genre, en prouvant qu'elles ne peuvent parvenir à changer la majorité; enfin, les restes d'une alliance fondée sur des questions d'hommes, et non de principes, tout a contribué à unir, dans une même majorité, trois nuances d'opinion très-distinctes : c'est-à-dire les deux opinions du centre gauche et du centre droit, et la moitié de l'opinion de droite. Il n'en sera pas toujours de même; les considérations passent ou changent d'objet; les doctrines restent. Les principes démocratiques vont être en lutte avec les principes monarchiques; chacun reviendra à ses sentimens, et, dans la plupart des questions, la gauche, si faible, se trouvera seule ou presque seule. Et quand tous les membres du centre droit auraient approuvé l'alliance avec le centre gauche, et seraient disposés à soutenir la marche d'un ministère composé de ce mélange, ce ne serait certainement que l'ancien centre droit, tel qu'il existait il y a quelques années, qui ne s'est jamais élevé à cinquante, et qui ne dépasserait pas ce nombre, alors qu'il ne serait plus fortifié par l'adjonction d'une partie de la réunion de droite.

Que si le ministère, évitant toute alliance positive, continue de rester seul entre les deux partis, c'est-à-dire tantôt avec l'un, tantôt avec l'autre, il verra que ce qui n'était que difficulté à la dernière session, deviendra impossibilité à la prochaine. Car il ne faut pas qu'il s'y trompe, les ministères ont aussi leur lune de miel; et le nôtre était, à cette session, sur un lit de roses, sans que peut-être il s'en soit aperçu, puisqu'il n'a rencontré dans aucune Chambre, ni dans aucun parti, cette opposition systématique qui a tué les ministères précédens. Elle se présentera, qu'il se garde d'en douter : c'est l'effet nécessaire des passions humaines, qui finissent toujours par conduire les partis. Jusqu'ici, chaque parti désirant attirer à lui le gouvernement, et se fortifier de son appui, a porté aux ministres son secours dès qu'ils le lui ont demandé; et l'on a même vu, dans la Chambre des députés, le parti qu'ils avaient le moins cherché à satisfaire durant la session, être le plus prompt à les appuyer dans la défense de leur budget, et les aider à sauver du naufrage quelques-unes des allocations contestées. Mais, à la prochaine session, les prétentions seront plus étendues, les points en discussion plus importans, et par conséquent la lutte plus vive, pour ne pas dire plus violente. Aussi les ressentimens, à raison des dispositions que le ministère aurait fait passer ou rejeter à l'aide du parti contraire, entreront plus avant de part et d'autre, et se changeront bientôt en un mécontentement durable. De plus, l'espoir d'attirer avec soi le ministère étant perdu, la preuve étant acquise que ce poste du milieu qu'il a pris ne tient pas à l'hésitation, mais au choix, il se formera à droite et à gauche une opposition systématique, et le ministère actuel éprouvera (comme on l'éprouva à la fin de 1818, à la fin de 1821, et même en 1826 et 1827) qu'il est impossible de soutenir le combat quand on est placé entre deux feux, assailli en tête et en queue.

C'est une erreur, dira-t-on; le ministère trouvera toujours une majorité en faisant des propositions raisonnables et utiles au pays. Ce serait déjà un don assez rare de n'en faire que de semblables; mais nous le concédons au ministère. En serait-il plus fort? Quelle naïveté de se persuader qu'au milieu des partis, c'est quelque chose que d'avoir raison! Cette illusion fait surtout honneur au cœur de nos ministres; mais ils se convaincront à leurs dépens qu'il vaut mieux avoir un parti. Il est donc nécessaire de se ranger nettement à droite ou à gauche. A gauche, cela est impossible avec la Chambre des pairs; à droite, il nous paraît que c'est le seul moyen possible de faire marcher le gouvernement. Et quel grand inconvénient y aurait-il à se placer entre les deux nuances de droite, et à se mettre à leur tête, en dirigeant et en modérant leur zèle monarchique, et en les conduisant constitutionnellement au combat contre les entreprises de la démocratie? L'on serait, il est vrai, dans l'obligation de soutenir dès à présent une lutte violente contre toute la gauche. Eh! bien, qu'importe que ce soit quelques jours plus tôt? Il faudrait être aveugle pour ne pas voir que cette lutte arrivera, et très-promptement. Qu'on leur accorde encore leur première demande, la seconde, la troisième, l'on sera bien forcé de s'arrêter enfin, sans quoi l'on toucherait aux racines mêmes et au cœur de la royauté ; l'on refusera la quatrième, et la lutte commencera alors, plus violente, plus redoutable que si on avait refusé la première, parce que le parti aura doublé ses forces par les concessions déjà faites. L'attaque sera plus forte qu'elle ne le serait aujourd'hui, et la défense sera en même temps plus faible, parce que des dissentimens plus prolongés entre la droite et le ministère auront rendu impossible le concert nécessaire pour le succès. Unissons donc tous les royalistes entre lesquels il n'existe réellement aucun sujet de division ; commençons franchement le combat sur le terrain constitutionnel ; usons le plus tôt possible de toutes les armes légales ; et la seule déclaration d'une volonté arrêtée donnera aux ministres, à l'instant, toutes les nuances de droite, auxquelles se joindront les indécis du parti contraire. Là seulement, dans la situation donnée, ils trouveront avantage et sécurité pour le roi, pour le pays et pour eux-mêmes.

CHAPITRE IX ET DERNIER.

CONCLUSION.

Nous terminerons par des considérations générales que nous adressons à tous les vrais amis de leur pays, et plus particulièrement à ceux qui désirent sincèrement que le gouvernement représentatif s'établisse solidement en France.

Le gouvernement représentatif pourra-t-il s'établir en France d'une manière fixe et durable? Est-il compatible avec le caractère Français? Cette question paraîtra singulière au plus grand nombre : bonnes gens qui se persuadent difficilement que ce qui est sous leurs yeux ne durera pas toujours ; qui, en voyant mettre en activité chacune de nos Constitutions, discutée et écrite avec tant de soin, la croyait éternelle de la meilleure foi du monde, sans se souvenir, à l'établissement de la quatrième, qu'ils en avaient cru tout autant des trois précédentes. Ce n'est pas à une époque où il y a tant de têtes fortes et pensantes, où l'on a fait une étude sérieuse de la politique dès l'âge le plus tendre, qu'il est nécessaire de rappeler ce que l'expérience de tous les temps a démontré : qu'il ne suffit pas qu'une Constitution ait été écrite ; qu'il ne suffit pas qu'elle ait été méditée et arrangée par de sages législateurs, pour qu'on soit sûr qu'elle conviendra au peuple à qui on la destine, et qu'il faut considérer la machine en mouvement; qu'il faut voir l'expérience satisfaisante d'un certain nombre d'années, avant de prononcer en connaissance de cause que cette Constitution régira l'avenir de ce peuple.

Il faut du temps, en effet, pour faire mouvoir cette machine, la faire marcher sans heurter ni blesser les mœurs nationales, l'adapter aux formes dont elle est environnée, et faire concourir à ses mouvemens tous les élémens qui existaient avant elle dans le pays. Telle est, durant un long temps, la difficile mission de ceux qui sont appelés à faire les lois, cortége nécessaire d'une nouvelle Constitution. Que de rouages à diriger à travers les obstacles! que de nuances contraires à fondre ensemble! que de tâtonnemens, avant de s'assurer que le caractère national adopte ou repousse telle institution! C'est alors qu'il faut procéder avec la plus grande précaution, et qu'une seule erreur peut renverser toute la machine, ou du moins qu'il en peut résulter embarras, préjudice, peut-être même impossibilité de se mouvoir et d'avancer plus loin.

Il est donc naturel et très-intéressant pour la France, d'étudier et de résoudre la question qui commence ce chapitre : *Le gouvernement représentatif convient-il à la France?*

Nous avons dit que le plus grand nombre répondrait par l'affirmative, parce qu'ils pensent que ce qu'ils voient se verra toujours. D'autres, non moins pressés de juger, et regardant comme décisive contre le gouvernement représentatif en France, une expérience peu rassurante, il est vrai, mais trop courte pour justifier un arrêt définitif, répondront nettement par la négative. Pour nous, nous croyons la question encore indécise, et nous pensons que le gouvernement représentatif, qui conduit dans une fausse voie, a pu paraître jusqu'ici incompatible avec le bonheur et la prospérité de la nation, pourrait produire des effets contraires, s'il rentrait dans la vraie route, qui heureusement est celle que notre auguste législateur lui a tracée.

Pour parvenir à une solution, examinons ce que l'expérience nous apprend depuis quarante ans sur les effets du gouvernement représentatif dans ce royaume; voyons s'ils ont été favorables, et, dans le cas contraire, cherchons si les inconvéniens tenaient à cette forme même de gouvernement, ou seulement à la manière dont il a été conduit chez nous.

Dans l'examen qui nous occupe, il est juste de ne pas tirer d'induction pour ou contre le gouvernement représentatif, des échantillons que nous en avons eus tour à tour, durant les vingt-cinq années qui ont précédé la restauration. L'on accordera seulement que ces vingt-cinq années, qui ont montré successivement, ou tous les pouvoirs renversés par les assemblées délibérantes, ou ces assemblées décimées, déportées, chassées, éliminées, annulées par le pouvoir exécutif; qui ont montré la force décidant de tout, tantôt par le moyen des émeutes populaires et le secours des séditieux, troupes irrégulières des assemblées délibérantes, tantôt par le moyen des armées régulières, soutiens habituels du pouvoir; que ces vingt-cinq années, disons-nous, qui n'ont jamais présenté le spectacle de l'équilibre convenable entre les pouvoirs, n'ont pas fourni la preuve que le gouvernement représentatif convienne à la France. Reste treize années d'expérience, de 1815 à 1828. Heureusement que ce temps est trop court pour asseoir une opinion définitive; car nous doutons que cette expérience engageât les hommes sages à résoudre affirmativement la question qui nous occupe; et cependant, reconnaissons que le véritable gouvernement représentatif dont nous jouissions alors pour la première fois, s'est présenté dès son début avec les grands avantages qui lui sont propres, que nous lui devons l'issue la plus heureuse au milieu des plus grands embarras financiers et d'extrêmes dépenses facilement soldées, sans nuire à la richesse publique. L'on sera tenté de dire : Que voulez-vous de mieux, et que vous manque-t-il? Il nous manque de pouvoir jouir tranquillement de ces avantages, de la richesse que nous devons à la paix, revenue avec les Bourbons, et de la liberté, qu'ils nous ont rendue; il nous manque la sécurité, le repos, la paix intérieure; et, ce qu'il y a de plus fâcheux, c'est que les graves inconvéniens que nous avons éprouvés sous le nouveau gouvernement, tiennent particulièrement au caractère français, ce qui peut faire craindre que l'un et l'autre ne puissent difficilement sympathiser ensemble.

En treize ans, nous avons eu cinq révolutions ministérielles capitales, sans compter les changemens partiels; nous avons eu deux reviremens en sens contraire dans la Chambre des députés; l'un par la diminution, l'autre par l'augmentation du nombre, sans parler de trois dissolutions avant l'époque naturelle; nous avons eu deux reviremens en sens contraires dans la Chambre des pairs, par l'introduction d'un nombre excessif de nouveaux pairs; nous avons eu des actes d'accusation demandés contre huit ministres, comme traîtres : contre un en 1820, contre sept en 1828. Ainsi, à peine entrés dans le gouvernement représentatif, nous avons déjà épuisé tous les accidens extraordinaires; nous voilà déjà blasés sur toutes ces grandes catastrophes; nous en avons plus vu, en treize ans, que les autres peuples en un siècle, tant nous voulons vivre vîte, tant nous sommes pressés de jouir; comme s'il nous fallait, chaque lustre, défrayer l'histoire des évènemens d'un siècle, et réduire, sous le plus petit volume possible, en essence, en esprit distillé au degré le plus violent, toute la substance du gouvernement représentatif, pour la consommer d'un seul coup, au risque de détruire notre tempérament. Et notez que c'est au milieu des circonstances les plus favorables à notre tranquillité, que ces grands orages se sont élevés.

C'est sous le règne de deux rois remplis de bonté et de tendresse pour leurs peuples, toujours prêts à sacrifier leur propre opinion et même leurs affections aux exigences de la Chambre élective; c'est dans des temps de paix générale, interrompus seulement par la guerre la plus heureuse et la plus courte. Que sera-ce donc, lorsque se présenteront les circonstances qui seules amènent ordinairement ces agitations intérieures? Que sera-ce sous un roi entier et opiniâtre dans ses vues, décidé à soutenir les ministres de son choix contre toutes les attaques du parti dominant dans l'une et l'autre Chambres? Que sera-ce durant le cours d'une guerre longue, et entremêlée de ces revers qui fournissent tant d'argumens contre le ministère? Il est difficile de prévoir comment nous aurions alors plus de secousses et de reviremens que nous n'en avons eu depuis dix ans, dans les temps les plus favorables et les plus prospères.

Cette réflexion paraîtra plus décisive dans

la question, à mesure qu'on la creusera davantage. Les vingt-cinq ans qui ont précédé la restauration, ne nous ont point paru un argument contre le gouvernement représentatif en France, quoique nous n'ayons jamais évité l'un de ses écueils qu'en chavirant sur l'autre, quoique l'autorité ait toujours été renversée par la Chambre élective, ou la Chambre élective enchaînée par l'autorité. Mais depuis 1816, tant de catastrophes légales, au sein de la plus grande prospérité intérieure et extérieure, sont une preuve sans réplique que le mal vient de nous-mêmes, de notre disposition naturelle, et d'un régime peu approprié à notre tempérament. Malgré la brièveté de l'épreuve, elle est si concluante, qu'il semble difficile de ne pas affirmer que le gouvernement représentatif, tel qu'il existe aujourd'hui parmi nous, ne convient pas à la France, et ne peut conduire le vaisseau de l'Etat que par sauts et par bonds, par secousses violentes, jusqu'à ce qu'il vienne se briser sur l'un des écueils déjà signalés : le renversement du trône, ou l'asservissement des Chambres.

Cette assertion, résultat d'une profonde conviction, amène la discussion de la question importante que nous avons déjà posée. Le mal qui nous agite et nous fera périr, est-il un effet du gouvernement représentatif en lui-même, ou de la manière dont la Charte l'a organisé en France, ou bien de la manière dont la Charte a été interprétée et exécutée? Hâtons-nous de dire que si nos mœurs repoussent le genre de gouvernement qui nous tracasse et nous agite sans cesse, ce n'est pas qu'elles soient incompatibles ni avec le gouvernement représentatif ni avec la Charte. Nous avons déjà dit, quant au premier, qu'il peut être organisé de mille modes différens, pourvu que le principe, le libre vote de l'impôt, en soit respecté; que l'un de ces modes doit nécessairement convenir à un pays qui trouve dans ses antiquités l'origine de ce gouvernement, et qui en avait conservé des traces, dans les pays d'Etat, dans le vote des impôts du clergé, et jusque dans l'enregistrement des parlemens. Quant à la Charte, il est facile de prouver que tous nos embarras ne viennent pas d'elle, mais de ce qu'elle a été dénaturée; qu'ils tiennent, non à ce que la Charte a été exécutée, mais au contraire à ce qu'elle n'a pas été exécutée telle que Louis XVIII l'avait faite.

Le mal vient de ce que la Chambre élective

s'est entièrement emparée du pouvoir, et de ce que le gouvernement entier se trouve ainsi soumis au pouvoir démocratique : c'est ce qu'il y a de plus incompatible avec nos mœurs. Si ce règne de la démocratie est une conséquence nécessaire du gouvernement représentatif, ce gouvernement ne convient pas à la France; s'il est une conséquence nécessaire de la Charte, la Charte ne convient pas à la France. Mais si ces deux suppositions sont fausses; si le règne de la démocratie ne peut, au contraire, être produit que par la violation de la Charte, le remède est facile; et pour changer le mal en bien, il suffit d'en revenir franchement à la Charte.

Deux moyens ont principalement servi à porter dans la Chambre des députés le pouvoir que le roi s'était réservé : l'extension du droit d'amendement, en opposition avec l'article 46 de la Charte; le vote détaillé des dépenses, lequel n'est point dans la Charte.

L'initiative réservée au roi seul, est le principe le plus important de la Constitution française : par-là, le roi s'est réservé le pouvoir d'action; il n'a laissé aux Chambres que le pouvoir de résistance. C'est de lui seul que l'Etat doit recevoir le mouvement. Rien n'est plus évident que le prix attaché par le législateur à l'établissement de ce principe. Il n'a pas confondu l'initiative royale parmi les autres attributions qui appartiennent au roi, et sont détaillées dans l'article 14; il en fait un article à part, l'article 16 : *Le roi propose la loi.* Il a pris soin de corroborer cet article par les articles 19, 20 et 21, où il ne laisse aux Chambres, comme moyen d'obtenir une loi qu'elles jugent utile, que le droit de supplique, et encore après une discussion secrète. Par une dernière précaution enfin, et pour empêcher que l'initiative ne soit enlevée au roi par voie d'amendement, l'article 46 statue qu'aucun amendement ne peut être fait à une loi, sans être proposé ou consenti par le roi. Article 46 : *Aucun amendement ne peut être fait à une loi, s'il n'a été proposé ou consenti par le roi, et s'il n'a été renvoyé et discuté dans les bureaux.* Cette dernière formalité est celle qui est prescrite par l'article 45, pour *les projets présentés de la part du roi.*

Voilà la Charte de Louis XVIII; voilà l'initiative royale consacrée et assurée, si on l'exécute. Toutes les précautions sont prises pour que les Chambres ne puissent s'y soustraire.

L'article 46, médité par une haute sagesse, offre un terme moyen entre le droit illimité d'amendement, qui annule l'initiative royale, et l'interdiction de tout amendement, établie dans la Constitution des Pays-Bas, qui exposa quelquefois à des embarras, et obligea de rejeter toute loi qui présenterait une disposition reconnue imparfaite dans la discussion, ou même le moindre vice de rédaction à corriger. Notre article 46 pourvoit à tout, et assure le droit d'initiative sans produire les mêmes inconvéniens.

Par ce premier moyen, l'usurpation de l'initiative, la Chambre des députés s'est donc emparée de la législation; par un second moyen, le vote détaillé des dépenses, elle s'est emparée du gouvernement et de l'administration. Nous avons établi ailleurs (au chapitre II) que le vote détaillé des dépenses donne tous les pouvoirs à la Chambre, les pouvoirs constitutifs, comme les pouvoirs administratifs, et suffit pour fournir des moyens assurés de changer la Constitution de l'Etat, la religion, tout enfin. Il n'y a pas de question de gouvernement ou d'administration que le budget n'ait donné à quelque membre l'occasion de discuter, pas même celles qu'il appartient le plus évidemment au pouvoir royal de décider, telle que l'utilité des camps de manœuvres, etc. ; il n'y a pas une question sur la composition de notre armée ou de nos flottes, sur le personnel de toutes les administrations civiles ou militaires, depuis le ministre jusqu'au garçon de bureau, depuis le maréchal de France jusqu'au tambour, qui ne puisse être tranchée par un vote de la Chambre, qui supprimerait ou diminuerait le traitement. Que reste-t-il donc à faire au roi ? Regarder et se soumettre. Ce n'est cependant pas là le rôle que lui donne la Charte, même en la considérant comme seul point de départ. Heureux encore le roi s'il se résigne à ne rien faire ; s'il évite par-là l'affront de voir défaire sans façon ce qu'il a fait, et dissimule, du moins aux yeux du monde, le néant de son autorité. Pour éviter des discussions graves qui nous entraîneraient trop loin, donnons-en seulement un exemple pris sur l'un des objets les moins importans. La Chambre a réduit le traitement des ministres à 120,000 fr. ; toutefois, elle veut bien allouer au ministre des affaires étrangères 30,000 fr. de frais de représentation. Mais, cependant, il y a une ordonnance du roi qui fixe le traitement des ministres à 150,000 fr. Le roi a-t-il le droit de faire des ordonnances? Cette ordonnance est-elle dans la sphère de ses attributions? Quand le roi ordonne sur des objets d'administration qui ne dépendent que de lui, faut-il lui obéir? Questions oiseuses, qu'on ne daigne même pas faire ni résoudre. La Chambre décide souverainement, sans s'inquiéter de ce qu'a ordonné le roi. La Chambre agit en maître, et se place au-dessus du roi. Non, dira-t-on, la Chambre n'est pas au-dessus du roi, mais la loi est au-dessus du roi. Sans doute la loi est au-dessus du roi; mais pourquoi? Parce que la loi, c'est encore le roi, parce qu'il y a la principale part, puisqu'il la propose et la sanctionne. Ici le roi a-t-il proposé? Loin de là; il a publiquement exprimé, par une ordonnance, la volonté contraire. La Chambre des pairs ne serait, certes, pas disposée à ne compter pour rien une ordonnance du roi; mais l'adoption du budget sans amendement, et sans discussion, est devenue pour elle une obligation. Ce n'est donc pas la loi qui est ici au-dessus du roi : c'est la Chambre des députés seule qui est au-dessus du roi, qui fait seule la loi, et qui même pousse encore plus loin son usurpation, puisqu'elle prononce sur un sujet qui dépend du roi seul, et se contente de déclarer sa volonté en opposition à des ordonnances que, dans son superbe dédain, elle ne prend pas la peine de discuter, qu'elle ne rappelle seulement pas.

Mais, dira-t-on encore, la Chambre trouve qu'il suffit, pour un ministre, de 120,000 fr.; elle est d'avis qu'il ne faut pas lui donner un traitement de 150,000 fr. Il faudra donc qu'elle consente à ce qui lui déplaît, à ce qu'elle juge abusif? Eh bien! qu'y a-t-il là d'étonnant? Il faut qu'il n'existe dans l'Etat qu'un pouvoir unique, et encore un pouvoir despotique, pour qu'il ne soit pas exposé à ce désagrément. Dès qu'il existe plusieurs pouvoirs, chacun d'eux doit s'attendre à voir ce qui est dans l'attribution d'un autre pouvoir se faire souvent contre sa volonté; et des trois pouvoirs, c'est encore le roi à qui cette contrariété arrive le plus souvent. — Mais la plupart des dépenses tenant à des objets dont la direction appartient au pouvoir royal, les Chambres n'ont donc rien à faire qu'à consacrer par leur adhésion toutes les dépenses de l'Etat, et il est inutile qu'elles discutent le budget? Aussi partout, dans l'origine, les Chambres n'entraient point dans la discussion des dépenses, et ne votaient que les impôts, c'est-à-dire les recettes. Notre Charte ne parle que du vote de l'impôt. Sans doute, en cas d'abus évident, les Chambres peuvent restreindre dans son total la somme allouée, et le gouvernement ne s'obstinerait pas à une dépense généralement reconnue par un abus incontestable; mais il faut cette condition de l'évidence; car, s'il s'agissait d'une simple différence d'opinion sur l'utilité d'une dépense, c'est celle du roi qui doit prévaloir sur un objet qui est dans ses attributions. Autrement, avec le vote détaillé des dépenses et la spécialité, vous arriverez infailliblement à ce résultat, qu'il n'y aura réellement d'autre roi en France que la Chambre des députés : et ce roi ne sera pas un roi constitutionnel, ni même un roi absolu, qui trouve dans des priviléges particuliers, dans les coutumes, etc., mille obstacles à sa volonté : ce sera un roi despotique, arbitraire, qui sera maître de la France, sans autre règle que ses caprices.

Le remède à ce mal est encore dans l'article 46 de la Charte : car tout changement à la loi du budget, comme à toute autre, est un amendement, et tout amendement doit être consenti par le roi avant d'être mis en délibération. Il résulterait de l'exécution de la Charte, que les diminutions proposées sur le chiffre total des dépenses, ou du moins sur le chiffre de chaque ministère, seraient consenties par le roi si elles étaient fondées en raison, et alors tout se passerait légalement; ou seraient refusées, et alors la Chambre n'aurait pas le droit d'en délibérer. Elle n'aurait plus d'autre moyen que de refuser le budget : ce qui n'arriverait que dans le cas où l'abus auquel le gouvernement refuserait de remédier, serait très-évident et très-important; et c'est là le cas prévu où l'opposition de la Chambre serait un devoir.

Nous nous empressons de reconnaître que les reproches d'usurpation sur la prérogative du roi, d'envahissement du pouvoir royal, ne tombent pas plus sur la Chambre actuelle que sur toutes celles qui l'ont précédée; pas plus sur les majorités libérales que sur les majorités royalistes. La tendance constante de l'esprit de corps, le désir naturel à l'homme de dominer et de faire prévaloir son sentiment, l'impossibilité pour les Chambres comme pour les orateurs de rester stationnaires, et de ne pas faire suivre un premier pas hors de ses attributions, d'autres pas dans le même sens, ont entraîné, à leur insu, depuis 1814, les hommes de toutes les opinions ; et l'auteur de cet écrit n'a pas été peut-être plus exempt de ce tort que ses collègues. Il est si difficile de résister à cette tentative d'empiéter, et peut-être à l'influence du local, qu'on a vu, durant cette session, les sections de la Chambre empiéter les unes sur les autres, et par exemple la commission des comptes faire le rapport du budget, enlevant ainsi à la commission du budget la fleur de son sujet. Sans doute, l'usage autorisait la commission des comptes à constater si les paiemens faits étaient réguliers et n'avaient servi à payer que des dépenses votées; si l'on avait effectué les services votés à un prix modéré, et sans que la dépense en fût exagérée par l'impéritie ou la fraude; mais cette commission n'avait ni la mission ni le droit de donner un avis qu'on ne lui demandait pas sur des services ordonnés par le roi et les deux Chambres, sur l'utilité et la convenance des dépenses arrêtées par une loi votée et exécutée depuis deux ans. La commission du budget pouvait faire des observations sur les dépenses proposées pour 1829; la commission des comptes n'en aurait eu à faire sur les dépenses ordonnées par la loi de 1827, qu'autant que cette loi n'aurait pas été régulièrement exécutée.

Ces observations, dont le but est de renfermer la Chambre des députés dans les limites tracées par la Charte, et de l'exhorter à restituer à la prérogative royale ce qui lui a été ravi, ne pouvaient certainement paraître plus à propos que cette année, et ne pouvaient jamais être présentées avec plus d'avantage qu'à la Chambre actuelle. Toute autre Chambre, en effet, pourrait alléguer l'usage établi; pourrait représenter que ce n'est pas elle qui a dépouillé le roi, en violant la Charte, par l'extension du droit d'amendement; qu'il y a aujourd'hui possession, et qu'elle procède comme les Chambres qui l'ont précédée. Mais la Chambre de 1828, cette Chambre qui repousse si loin d'elle toutes les façons d'agir de la Chambre précédente, qui a si hautement renoncé à sa succession, qui veut sincèrement *rentrer* dans la Charte; qui a fait voir, par ses acclamations, qu'elle partageait cette soif de l'ordre légal qu'on peignait si ardente; cette Chambre, qui peut-être n'a jamais été une heure de suite en séance sans entendre des professions de foi pour vivre et mourir dans l'ordre légal; une telle Chambre, disons-nous, heureuse et reconnaissante d'être avertie, ne pourra se résoudre à continuer la violation de la Charte; elle s'empressera de rentrer dans la Charte, de rentrer dans l'ordre légal, non moins sacré pour elle sans doute quand il s'agit de maintenir le roi en possession de ses droits, que quand il est question de réclamer les droits de la Chambre et ceux des citoyens.

Cette proposition : *Que la Charte n'est point exécutée telle qu'elle nous a été donnée, et que nous sommes tout à fait hors de la Charte de Louis XVIII,* étonnera sans doute la plupart de nos lecteurs, lesquels lecteurs peut-être n'ont jamais *lu* la Charte. Nous allons la démontrer pour ceux à qui l'on peut démontrer quelque chose; pour ceux qui sont assez instruits et assez intelligens pour se faire une opinion par eux-mêmes, au lieu de la recevoir aveuglément, assez exempts de passion pour examiner, peser et juger de sang-froid, et qui ont assez de bonne foi pour convenir, s'il y a lieu, que le résultat de cet examen n'est pas favorable à leur opinion précédente.

Nous avons à prouver que les deux moyens d'usurpation de la Chambre, savoir le droit indéfini d'amendement et le vote détaillé des dépenses, sont l'un et l'autre une violation de la Charte.

Quant au droit indéfini d'amendement, la preuve existe dans la non exécution de l'article 46, dont le sens est tellement clair et positif, que la violation journalière de la Charte, sous ce rapport, n'a pas besoin de démonstration. Comment les ministres du roi ont-ils souffert, dès 1814, cette usurpation des pouvoirs de la couronne? n'ont-ils pas senti toute l'importance de cet article fondamental, ou ont-ils dès lors courbé le front sous la puissance d'une Chambre de qui il fallait obtenir le budget? Nous l'ignorons; mais l'usurpation fut consommée, quoique M. Dumolard, qui n'était pourtant pas un absolutiste, ait constamment réclamé contre cette violation de la Charte constitutionnelle, dans son article 46.

Pour justifier l'importance que nous mettons à cet article 46, sauve-garde indispensable de l'initiative royale, nous citerons ce que pensaient M. de Serre et M. Royer-Collard de l'initiative royale. Et qu'on ne croie pas que nous cherchions ici le triste plaisir de montrer les hommes les plus honorables en opposition avec eux-mêmes : non, assurément. Et quel plaisir y aurait-il à rechercher les faiblessés de l'humanité dans les hommes qui lui font le plus d'honneur ? Tel n'est point notre but : et d'ailleurs il ne serait point atteint ; car nous ne voyons aucun motif pour soupçonner que les hommes que nous citons en divers endroits de cet écrit, n'aient pas toujours professé et ne professent pas encore aujourd'hui les mêmes doctrines sur les mêmes sujets. Si nous les citons, c'est parce que nous nous sommes fait une loi de n'appuyer nos raisonnemens que sur les opinions des hommes du parti contraire, afin qu'elles soient examinées sans prévention par ceux à qui nous nous adressons ; c'est encore pour donner plus de force à nos assertions, par le concours d'autorités d'un si grands poids.

M. de Serre disait le 22 avril 1816 : « Nous « soutenons que là où est la proposition de la « loi, là est le gouvernement, là est la royauté. « Nous soutenons que le roi, dépouillé de la « proposition de la loi (et la partager, c'est la « perdre), le roi ne conserve même pas la li« berté de la sanction, et qu'en même temps « la liberté du rejet s'évanouit dans la main « des pairs...... La perte de la royauté, en « perdant la proposition de la loi, ou *en la « voyant disparaître sous l'amendement*, est

« donc du tout au tout : c'est recevoir la loi « au lieu de la donner; du rang d'autorité « première et souveraine, c'est déchoir à ce- « lui d'une autorité subordonnée; en un mot, « au rang du simple pouvoir exécutif de l'As- « semblée constituante. »

M. Royer-Collard avait dit, le 15 mars précédent : « Ah! messieurs, qui l'eût dit, que « dès la première session de la première Cham- « bre, formée en exécution de la Charte, avec « toutes les garanties que l'expérience avait « indiquées, et dans des circonstances qui n'y « ont appelé que les partisans les plus déclarés « de la monarchie légitime, on verrait la pré- « rogative du monarque envahie de nouveau, « et les commissions de la Chambre exerçant « à cette tribune la fonction royale de l'ini- « tiative.

« Je m'arrête ici; je cède au découragement « qui s'empare de moi, et *je déplore cette « fatalité qui nous repousse sans cesse sur « les bords de l'abîme dont nous sortons à « peine.*

« L'initiative royale n'est pas, messieurs, « une vaine forme dont on puisse s'écarter sans « danger; *c'est elle qui constitue la nature de « notre gouvernement, et qui le maintient*

« *monarchique au milieu des élémens divers* « *qui le composent.* Dépouiller le roi de l'ini- « tiative, ce serait frapper la royauté au « cœur. »

Pour ce qui regarde le vote détaillé des dépenses, il ne sera pas moins facile de démontrer que c'est contre la lettre et l'esprit de la Charte que la Chambre des députés a usurpé les droits des autres pouvoirs, par la manière dont elle a organisé le vote du budget; d'autant plus que cet envahissement est plus nouveau, et s'est presque insensiblement opéré sous nos yeux. Examinons par quels degrés il a été consommé.

En 1814, le montant des dépenses de 1815 fut fixé par un seul vote, sans qu'aucun chapitre, ni même aucun ministère, ait été mis aux voix à part. Alors on ne connaissait que la Charte; et, de conséquence en conséquence, l'on n'était pas encore arrivé à en détruire les intentions. C'était même déjà plus que n'exigeait la Charte, qui ne demande que le vote de l'impôt. Sans doute, pour voter l'impôt, la connaissance des dépenses est nécessaire comme renseignement; mais le vote des dépenses par les Chambres n'est point dans la Charte, parce que la fixation des dépenses exigées par les besoins de l'Etat est une attribution du pouvoir royal.

En 1816, quoique la majorité de la Chambre ait donné, dans la discussion du budget, le funeste exemple de l'envahissement de la prérogative royale, elle n'alla cependant point jusqu'à la discussion minutieuse et le vote détaillé des dépenses, et il paraît que les dépenses furent l'objet d'un seul vote, sans distinction même de ministère.

En 1817, l'on sépara les ministères; mais l'on vota sur chaque ministère en masse.

En 1818, l'on vota en masse sur la plupart des ministères. Cependant, le ministère de l'intérieur fut voté en deux chapitres, et le ministère de la guerre aussi en plusieurs chapitres.

En 1819, l'on fit la faute de présenter la loi des dépenses à part. Il était naturel d'examiner dans ses détails la loi qu'on présentait, et nous croyons que c'est alors, pour la première fois, que les détails de chaque article de dépenses furent mis aux voix avant le chapitre entier.

A mesure que l'on s'éloignait de l'établissement de la Charte, la trace de ses vrais principes se perdait davantage; l'on se plaignit, cette même année 1819, de l'insuffisance des détails, et l'on voulut faire de la spécialité un article de loi.

Toutefois, ces usurpations graduelles, obtenues en 1819, mais déjà tentées les années précédentes, ne s'établirent pas sans résistance, et sans que les vrais principes de notre gouvernement constitutionnel aient été souvent et fortement rappelés.

En 1816, M. Pasquier disait, le 14 mars : « *Tout ce qui existe* en administration civile, « militaire, judiciaire, est plus ou moins une « occasion de dépense ou d'emploi d'argent. « Toute dépense, toute recette, est fixée par « la législation existante. Où en serait-on, si « chaque année la législation était mise en pro- « blême lors de la discussion du budget?...... « Ne serait-ce pas une manière à peu près cer- « taine pour la chambre d'arriver à concentrer « en elle-même toute l'action de l'autorité lé- « gislative, que de pouvoir faire ainsi, chaque « année, de l'adoption d'un budget, la condi- « tion des changemens qu'elle voudrait opérer « dans la forme et l'exercice de toute adminis- « tration, de tout pouvoir? *Une position si « extrême, ou entraînerait la ruine de « l'Etat, ou nécessiterait des remèdes ex- « trêmes, qui doivent toujours être redoutés.*

« Vous voyez, Messieurs, quel écueil mena-
« cerait la puissance royale, si les consé-
« quences du système de la commission n'é-
« taient pas reconnues. Il faut le dire franche-
« ment, le gouvernement passerait dans la
« Chambre. »

M. Royer-Collard disait le lendemain : « Je
« conçois la théorie de l'amendement, dans
« laquelle le vote de l'impôt attirerait à lui
« chaque année, par le lien de la connexité,
« toutes les lois dont l'exécution donne lieu à
« une dépense quelconque dans l'année même,
« et par conséquent le gouvernement tout en-
« tier, et l'existence même de la Chambre ;
« une théorie, enfin, dans laquelle, chaque
« année, l'Etat pourrait être bouleversé par
« amendement.

« La tyrannie ne peut sans doute exister
« dans notre gouvernement ; mais si elle par-
« venait à s'y introduire, l'expérience a trop
« prouvé qu'*elle ne serait nulle part plus
« redoutable et plus funeste que dans le
« corps qui semble plus spécialement chargé
« de la défense des intérêts populaires.* »

En 1817, le budget de la guerre, comme celui des autres ministères, ne formait qu'un seul chapitre ; ce chapitre était divisé en trois sections. Le président allait mettre aux voix la première section, relative aux demi-soldes. M. Voisin de Gartempe s'opposa à ce qu'on votât autrement que sur l'ensemble du chapitre, sauf à l'augmenter ou à le réduire. Nous « votons, dit-il, d'une manière irrégulière; « nous ne devons émettre que *des opinions, « et non des votes* sur chaque nature de dé« penses, et ensuite voter en masse; ainsi, le « budget de la guerre s'élève à 204 millions; « il faut voter en masse sur ces 204 millions. »

L'on reconnut la justesse de l'observation, et il n'y eut délibération par assis et levé, que sur le ministère entier. Dans cette même session de 1817, M. de Villèle, qui était alors dans l'opposition, et n'avait, certes, pas le projet de faciliter aux ministres la discussion du budget, disait, dans la séance du 1er mars :

« Je dois, au surplus, rappeler à la Cham« bre qu'il a été reconnu que nous ne pou« vions voter sur les détails des dépenses, af« fecter telle ou telle somme à tel ou tel ser« vice, l'accorder ou le refuser pour tel ou tel « emploi : c'est en masse que nous devons ac« corder, augmenter ou réduire. »

En 1818, dans la séance du 22 avril, M. Dupont de l'Eure proposa de réduire le traitement des ministres. M. Pasquier dit :

« L'orateur veut que tout soit réglé par la « loi, dans l'administration ; que vous éten« diez votre surveillance à tous ces détails ; « que vous fixiez les attributions et les traite« mens. Quelle serait, messieurs, la consé« quence d'un pareil système ? Elle vous ap« paraît sans doute dans tous ses dangers ; elle « ne tend à rien moins qu'a dépouiller le roi « de son pouvoir, et à laisser échapper l'ad« ministration de ses mains. Statuer en con« séquence d'un tel principe sur les diverses « applications des fonds publics, c'est admi« nistrer, c'est gouverner, *c'est étendre fort « au-delà des intentions de la Charte, les « conséquences du droit de voter l'impôt*, etc. »

Vous voyez les mêmes principes reconnus et soutenus par les hommes les plus habiles et les plus influens, placés dans toutes les positions, soit qu'ils soient ministres, ou dans l'opposition. Vous reconnaissez d'accord sur ce point les membres les plus marquans, et qu'on regardait comme les représentans du centre gauche, du centre droit et de la droite. Il faut reconnaître que, parmi ces défenseurs de la prérogative royale, la gauche n'a point fourni son contingent. L'on voit par cet ac cord quels étaient les vrais principes à cette époque, où l'on n'était pas si éloigné de l'établissement de la Charte. Les pas qui avaient été faits en 1819 et dans les années précédentes pour s'écarter de la Charte, furent remarqués et signalés par un noble pair, que nous citerons avec plaisir, parce qu'il réunit à la bonne foi dans ses doctrines des talens très-distingués, et parce qu'il appartient à une opinion qui n'est pas la nôtre. Voici ce que disait, le 26 juin 1820, M. le duc de Broglie, dans un discours sur les élections :

« La Chambre des députés exerce de fait « dans l'Etat un pouvoir qui ne lui était pas « destiné par la Charte, un pouvoir que le « législateur avait voulu lui interdire ; et ce « pouvoir, elle l'exerce par des voies obli- « ques, par des moyens détournés, propres à « engendrer souvent des désordres..... Dans « le plan de la Charte, les deux Chambres « n'étaient point destinées à jouer en France « le rôle qu'elles jouent en Angleterre ; elles « n'étaient point destinées à devenir portion « intégrante du gouvernement, et à prendre « une part active à l'administration des affai- « res. Le législateur ne les avait envisagées « que comme des rouages extérieurs qui ne

« devaient être mis en mouvement que de loin « à loin, et avec une extrême précaution; il « ne les réservait qu'à concourir aux grandes « mesures de législation générale, à voter l'im- « pôt en masse, et à prévenir, par le seul fait « de leur existence, toute grave dilapidation « dans les finances..... Son intention a visi- « blement été d'interdire aux Chambres toute « discussion sur les affaires du moment, sur « la politique générale, et sur les matières « d'administration..... L'expérience a prouvé « qu'une Chambre de députés émanée d'une « élection libre, portait en elle-même un prin- « cipe trop vigoureux et trop énergique, pour « qu'il fût possible de l'enlacer dans des en- « traves purement réglementaires; la Cham- « bre des députés s'est, depuis quatre ans, « frayé hardiment sa route vers le pouvoir..... « L'initiative est demeurée en titre entre les « mains du roi. En point de fait, l'extension « prodigieuse qui a été donnée au droit d'a- « mendement, a placé dans la Chambre élec- « tive une initiative brusque, irrégulière, « inopinée, mais une initiative pleine et en- « tière.....

« Enfin, en chargeant sa commission des « dépenses du soin d'examiner scrupuleuse-

« ment chaque branche de l'administration « publique, et de lui faire son rapport sur « l'utilité, la convenance de chaque détail, « elle s'est arrogé le droit, non seulement de « soumettre l'administration à sa critique, « mais encore de voter annuellement, par assis « et levé, la conservation ou la destruction de « tous les établissemens civils..... Il faudra « bien sans doute assujettir, quelque jour, à « des règles le pouvoir que cette Chambre « s'est approprié. »

Les personnes au-dessous de trente ans, qui étaient trop jeunes pour s'occuper des affaires publiques à l'époque de l'établissement de la Charte, qui, aujourd'hui, ne se donnant pas la peine d'aller fouiller dans ces tems reculés, lesquels leur paraissent peut-être toucher à ces jours d'ignorance et de barbarie, partage ordinaire de leurs pères; ces personnes, disons-nous, auront été fort étonnées de lire au commencement de cet écrit, que la Charte, telle qu'elle est exécutée aujourd'hui, est dénaturée, et n'est point la Charte de Louis XVIII; ils auront pris cette assertion pour le radotage d'un homme de l'autre siècle, tout à fait étranger aux perfectionnemens, ou plutôt aux perfections du dix-neuvième siècle.

Nous espérons que sur le témoignage d'un ami des idées nouvelles, qui a été en position de regarder et de juger avec réflexion, et en qui ils placent avec raison une grande confiance, puisqu'il est l'un des plus éclairés de leur parti, ils changeront d'opinion, et regarderont comme un fait incontestable ce qui leur paraissait d'abord si extraordinaire et si peu croyable. Il sera donc reconnu que cette initiative qui, suivant M. de Serre, *est la royauté* même, sans laquelle *c'est recevoir la loi au lieu de la donner, c'est déchoir du rang d'autorité première et souveraine à celui d'une autorité subordonnée*; que cette initiative qui, suivant M. Royer-Collard, *constitue la nature de notre gouvernement et le maintient monarchique*, dont on ne pourrait dépouiller le roi *sans frapper la royauté au cœur*; que cette initiative est demeurée seulement *en titre* entre les mains du roi, mais qu'*en point de fait*, elle existe *pleine et entière* dans la Chambre élective. Il sera reconnu que la Chambre des députés *exerce de fait dans l'Etat un pouvoir que la Charte ne lui avait pas destiné*, et au contraire *lui avait interdit*; que les Chambres *n'étaient point destinées par la Charte à devenir portion inté-*

grante du gouvernement, et à prendre une part active à l'administration des affaires; qu'elles devaient *voter l'impôt en masse*, sauf à prévenir *toute grave dilapidation dans les finances;* que la Chambre des députés *s'est frayé hardiment sa route vers le pouvoir;* qu'*elle s'est arrogé*, qu'*elle s'est approprié* les droits et le pouvoir dont elle use aujourd'hui, et cependant ces droits et ce pouvoir se sont encore étendus depuis l'époque où parlait M. de Broglie; l'on a demandé encore, cette session, une plus grande division des chapitres, ainsi qu'une spécialité établie par la loi, et la Chambre paraît disposée à faire agir *le principe si vigoureux et si énergique qu'elle porte en elle-même*, pour achever de se débarrasser *des entraves* imposées par la Charte.

Que ceux donc qui parlent de rentrer dans la Charte et dans l'ordre légal, commencent par étudier la Charte, et savoir bien ce qu'ils demandent. Assurément nous partageons du fond du cœur leur amour pour l'*ordre légal*, et ce vœu, bien loin d'avoir rien de ridicule, nous paraît, s'il est fait de bonne foi, digne d'éloge et de respect, quoiqu'il ne soit pas nécessaire de placer si souvent sur les lèvres ce qui est dans le cœur. Mais si ce vœu ne s'étendait pas aux actions, et se bornait à des paroles sans effet, nous verrions là une hypocrisie, une espèce de tartuferie politique dont le ridicule ne suffirait pas pour faire justice, et qu'il faudrait livrer à l'indignation des honnêtes gens. Que ceux qui se sont si hautement proclamés amis de l'ordre légal, rentrent donc dans la Charte et dans l'ordre légal; qu'ils réclament l'exécution du texte si clair de l'article 46; qu'ils proposent d'insérer dans le réglement de la Chambre une disposition qui assure l'exécution de cet article, et ils auront, par cela seul, fait rentrer chacun des trois pouvoirs dans les limites que lui a assignées la loi fondamentale; ils auront fait disparaître les envahissemens illégaux, et ramené pour le budget un genre de discussion qui ne dépouille pas le roi et la Chambre des pairs de leur part de pouvoir, au profit de cette Chambre, dont, comme l'a dit M. Royer-Collard, *la tyrannie serait plus redoutable et plus funeste qu'aucune autre.*

C'est avec satisfaction que nous nous sommes convaincus que ce n'est ni au gouvernement représentatif en lui-même, ni à la manière dont la Charte l'a organisé en France, mais seulement à la non exécution de la Charte constitutionnelle, qu'il faut attribuer l'impossibilité où nous voyons notre forme actuelle de gouvernement, de nous placer dans une situation forte, paisible et stable. Ce qui est incompatible avec les mœurs et le caractère français, ce n'est donc point le gouvernement représentatif, ni la Charte de Louis XVIII; c'est la Charte dénaturée, dégénérée, violée par les envahissemens successifs de la Chambre élective; envahissemens signalés chaque année par la résistance des hommes les plus capables de toutes les opinions, et reconnus par un aveu qui a d'autant plus de poids, que celui qui déclare hautement le changement ne prétend pas le condamner, et n'est pas loin peut-être de préférer l'état nouveau et illégal, à l'état primitif et légal.

A présent que la vraie Charte n'est plus en jeu, mais seulement la fausse Charte qu'on lui a substituée, nous répéterons avec plus d'assurance que le gouvernement, tel qu'il existe aujourd'hui, ne peut pas subsister en France dix ans, peut-être pas trois, sans une convulsion. La Chambre des députés marchant d'un pas accéléré à la centralisation de tous les pouvoirs; la Chambre des pairs s'annulant chaque jour davantage, la lutte, qui est l'écueil du gouvernement représentatif, s'engagera nécessairement entre le pouvoir royal et le pouvoir populaire, et l'on verra disparaître dans le combat, ou le trône légitime, ou la liberté des Chambres.

Et, nous le répétons avec sincérité aux vrais amis du gouvernement représentatif, ils sont les plus intéressés, en rendant au pouvoir royal toute la force qui lui appartient, à éviter ce combat à mort, où, Dieu merci, les principales chances seraient en faveur de la couronne. Car si la Chambre des députés continue à fixer tous les emplois et leurs traitemens, et à les supprimer ou les restreindre à son gré; à faire le compte des voies de bois et des voies d'eau; a régler arbitrairement les plus secrets détails de la diplomatie, comme les dépenses secrètes de l'intérieur; à prononcer sans appel la destruction ou la conservation des forges et des fonderies de l'Etat; à décider que la marine se portera bien, et à diminuer en conséquence le nombre des officiers de santé présentés comme nécessaires; à décider qu'il n'y aura désormais par an, hors d'état de service, qu'un huitième, et non pas un septième des chevaux de cavalerie; à décider seule du nombre des généraux qu'il convient d'employer; du meilleur moyen de se procurer les poudres dont on a besoin pour le service ; du plus ou du moins d'utilité des camps de manœuvres, et tout cela sans avoir pris l'avis de son conseil de la guerre, qu'elle a oublié de créer, et qui serait cependant plus nécessaire aux sujets qui décident en souverain, qu'au souverain, qui n'a pas plus d'influence sur la composition de son armée que le moindre sujet; car, avec ce mode de délibération, son droit de proposition dans le budget n'a guère plus de force que le droit de pétition, accordé à tous. Si ce système, introduit avec ses conséquences, débarrassait dorénavant nos rois de l'embarras de tous ces soins qui leur appartiennent, de manière qu'il ne resterait plus, comme sous la première race, qu'à ajouter aux dépenses du budget un article pour l'entretien des *quatre bœufs attelés* dont parle Boileau; s'il faut nous habituer à voir, en dépit de nos anciennes mœurs, des candidats empressés de faire leur propre éloge, et de se vanter, à la face de leurs concitoyens, de leurs hauts faits, souvent même de leurs méfaits ; s'il faut que les adversaires les plus passionnés, les plus fougueux ennemis d'hommes accusés reçoivent et acceptent la mission de rendre compte de l'accusation portée contre eux; et si surtout il faut absolument voir dans ce mépris de nos anciennes délicatesses françaises, ou plutôt de ces vertus de tous les peuples civilisés, les progrès louables et fort loués de nos mœurs constitutionnelles; si la presse périodique, habile à démolir, et sans puissance pour fonder, doit toujours porter partout le trouble et l'inquiétude, soigneusement entretenir et aigrir les divisions, alarmer continuellement, tantôt sur le péril de la royauté, tantôt sur le péril de la liberté, parfois même sur l'une et l'autre à la fois; si les ministères, toujours vacillans, esclaves d'une majorité difficile et inconstante, ne peuvent obtenir d'elle quelques années d'existence, même au prix de cette complaisance qui abandonne, ou renonce à réclamer les droits du trône, expressément réservés par la Charte; si la chute successive de ces ministères continue à nuire dans l'intérieur à l'industrie et au commerce, qui ont besoin, avant tout, de la confiance et de la stabilité; à priver au-dehors la France de la force que donne l'union, de l'influence que l'on doit seulement, et à des projets longuement préparés et constamment suivis, et à des alliances devenues impossibles à raison de tant de mobilité; si enfin nous continuons à suivre la voie funeste où nous sommes engagés, il arrivera alors (nous en avons l'intime conviction) que les Français, imitant l'exemple du Danemarck, fatigués de tant de mouvemens, de viremens, de secousses, et las d'un gouvernement où rien ne peut s'enraciner que les passions des partis et les haines, des citoyens demanderont à se sauver de la pénible agitation d'une liberté si turbulente sous l'égide du pouvoir absolu, et supplieront le roi de reprendre le funeste présent qu'il leur a fait; persuadés, sans doute, qu'on est plus heureux, quoique exposé de loin à loin à quelques abus de l'autorité royale, que livré à l'abus continuel du pouvoir populaire.

En montrant à tous les regards la Charte successivement violée par les diverses Chambres des députés, et l'usurpation du pouvoir royal, commencée dès 1814 par le refus d'exécuter l'article 46, et en 1815 par l'extension du droit d'amendement, continuée par les Chambres suivantes, consommée en 1828 par la manière dont les lois de finances ont été discutées, ce n'est pas sans un profond regret que nous nous sommes vus dans la nécessité de déplaire à un grand nombre d'hommes de bien et d'excellens royalistes, dignes de l'estime générale, et parmi lesquels nous nous flattons de compter des amis. Nous savons qu'en 1815, les uns croyant la tentative justifiée par le but, n'empiétaient sur le pouvoir royal que pour l'affermir et l'étendre, et pour défendre le roi, après une catastrophe si récente, contre un système ministériel qui leur paraissait faible, et propre à ramener les dangers dont on sortait; que les autres ont continué d'user d'un droit qui leur paraissait acquis, et qu'ils croyaient tenir de la Charte. Mais, quelque pures que fussent leurs intentions, nous en sommes arrivés au point où l'exécution stricte de la Charte peut seule nous sauver, où il faut rendre au pouvoir royal l'initiative et les droits dont il a été dépouillé, sous peine d'entrer dans la pente qui mène rapidement au précipice. Il faut aujourd'hui, avant tout, proclamer la vérité, dût-elle blesser, et songer à dire à ses concitoyens plutôt des paroles utiles que des paroles agréables.

Puisqu'il est bien entendu que les dangers de notre situation actuelle ne viennent pas de la Charte, mais, au contraire, de l'inexécution de la Charte, la marche des royalistes est facile, tracée par les intérêts du trône et les intérêts de tous, comme par leurs sermens. Qu'ils s'attachent à la stricte observation de la Charte; qu'ils ne s'en écartent jamais, et la réclament jusqu'à ce qu'ils soient parvenus à l'obtenir. Que, conformément à l'article 46, aucun amendement ne soit mis en délibération, s'il n'a été préalablement consenti par le roi; que, conformément à l'intention évidente des articles 20 et 53, les pétitions pour redressement de griefs individuels soient seules appelées à une discussion publique; que les autres, qui traitent de la proposition de nouvelles lois, ou de la réforme des anciennes, soient renvoyées au bureau des renseignemens, ou bien discutées en comité secret, de manière qu'il ne dépende pas du moindre citoyen, ou même de ceux qui ne sont pas citoyens, des femmes et des enfans, de faire ce qui est formellement interdit par la Charte à chaque député individuellement, et même à la Chambre entière, c'est-à-dire de livrer aux débats publics un sujet sur lequel le roi n'a pas, usant de son initiative, jugé à propos de provoquer une discussion; que, conformément à l'article 8, la liberté de la presse soit enfin restreinte par des lois qui répriment les abus de cette liberté, condition indispensable imposée par la Charte; que, conformément à l'article 14, l'administration soit laissée au roi, et ne soit pas entraînée dans le vote du budget; alors, et seulement alors, nous serons véritablement constitutionnels. Expliquez-vous, vous qui prétendez vous attribuer exclusivement ce nom de *constitutionnels*; l'acceptez-vous à ces conditions? Voulez-vous être constitutionnels à ce prix? C'est alors que nous serons ensemble, royalistes constitutionnels, que nous serons dans les mêmes rangs, et que cette paix perpétuelle, ces touchans embrassemens, entre vous et nous, ne seront plus une comédie risible; c'est alors qu'il n'y aura plus de partis, et que nous vous verrons avec joie dans les emplois auxquels vos talens vous appellent. Mais si vous vous refusez à l'exécution pleine et entière de notre loi fondamentale, nous voulons bien que vous puissiez vous dire royalistes; mais, à coup-sûr, vous ne pourrez pas prétendre au titre de *constitutionnels*. Si, après tant et de si vives protestations qu'on ne vous demandait point, vous refusez de rentrer dans la Charte et dans l'ordre légal, aurez-vous le front de reprocher à d'autres le désaccord entre les actions et les paroles, et de prononcer le mot d'*hypocrisie?*

La conclusion de cet écrit est qu'il faut chercher dans la Charte le remède à nos maux et à nos dangers. « Demandons, comme l'a dit un grand orateur du parti contraire, toute la Charte, mais rien que la Charte. » Ne restons pas en-deçà, mais n'allons pas au-delà; réclamons les libertés publiques, mais non pas jusqu'au point où elles entravent la liberté royale; jouissons des libertés publiques, mais non pas jusqu'au point où elles se suicideraient elles-mêmes, en nous conduisant, par la voie des théories libérales et démocratiques, à l'anarchie, qu'on se trouve bientôt trop heureux d'enchaîner, avec le secours du despotisme; soyons libres, mais non pas souverains; demandons à nos députés d'être nos fermes et inflexibles soutiens contre tout abus, tout acte d'oppression, toute tentative qui serait faite contre nos libertés utiles, mais de se souvenir qu'ils sont destinés à jouer un rôle plutôt passif qu'actif, et à empêcher de mal gouverner, mais non pas à gouverner, encore moins à administrer; qu'ils sachent que nous réclamons la prospérité, la force, la splendeur de notre patrie, et non point un gouvernement au rabais; qu'ils élèvent leur idée jusqu'à la hauteur du royaume de France, et qu'ils encouragent le gouvernement à poser, avec de plus grandes vues, les fondemens de la gloire future de notre beau pays, et du premier trône du monde.

Nous soumettrons ces réflexions, que l'enchaînement des idées a étendues au-delà du but indiqué par le titre, à ceux de nos concitoyens qui, pour former leur opinion, savent se détacher des intérêts de parti comme des doctrines reçues de confiance. Les hommes francs et indépendans reconnaîtront ici l'un des leurs, qui n'a jamais asservi ses opinions, ni à un parti, ni à un ministère. Nous croyons nos principes fondés en raison, et nous sommes prêts à les défendre, si on les discute. Nous ne répondrons point aux injures, aux quolibets, ni à ceux qui s'amuseront à nous attribuer et à combattre les opinions qui ne sont pas les nôtres. Mais nous nous engageons à répondre à toutes les attaques convenables, à quelque nuance d'opinion que l'auteur appartienne.

Nous sommes tous du même pays, nous avons tous un égal intérêt à sa prospérité. Cherchons donc entre nous, de bonne foi, où est la vérité parmi nos opinions diverses, et quel est le système qui peut nous conduire à ce but que nous voulons tous atteindre : la gloire et le bonheur de la France.

FIN.

BIBLIOTHEQUE ROYALE
I

TABLE.

FIN DE LA TABLE.

www.ingramcontent.com/pod-product-compliance
Ingram Content Group UK Ltd.
Pitfield, Milton Keynes, MK11 3LW, UK
UKHW020115200726
13856UKWH00002B/558